诸葛亮

鞠躬尽瘁的战略家

宿巍 著

辽宁人民出版社

© 宿巍　2022

图书在版编目（CIP）数据

诸葛亮：鞠躬尽瘁的战略家 / 宿巍著. — 沈阳：
辽宁人民出版社，2022.3
ISBN 978-7-205-10330-9

Ⅰ . ①诸… Ⅱ . ①宿… Ⅲ . ①诸葛亮（181-234）—
传记 Ⅳ . ① K827=362

中国版本图书馆 CIP 数据核字（2021）第 237483 号

出版发行：辽宁人民出版社
　　　　　地址：沈阳市和平区十一纬路 25 号　邮编：110003
　　　　　电话：024-23284321（邮　购）　024-23284324（发行部）
　　　　　传真：024-23284191（发行部）　024-23284304（办公室）
　　　　　http ://www.lnpph.com.cn
印　　　刷：北京长宁印刷有限公司天津分公司
幅面尺寸：145mm×210mm
印　　张：7.5
字　　数：140 千字
出版时间：2022 年 3 月第 1 版
印刷时间：2022 年 3 月第 1 次印刷
责任编辑：赵维宁　贾　勇
封面设计：乐　翁
版式设计：一诺设计
责任校对：冯　莹
书　　号：ISBN 978-7-205-10330-9
定　　价：39.80 元

序　言

　　诸葛亮，字孔明，三国时期蜀汉丞相。诸葛亮在中国是个家喻户晓妇孺皆知的历史名人。

　　青年时期的诸葛亮关心百姓疾苦。他目睹了由于朝政混乱、军阀割据给百姓带来的苦难。

　　诸葛亮在很早的时候就怀有济世救民的理想，研究当时社会的政治、军事，所以后来刘备来请诸葛亮出山时，诸葛亮才能提出著名的"隆中对策"。

　　在出山辅佐刘备之后，诸葛亮更是以兴复汉室为己任，为蜀汉政权的建立和巩固立下了盖世功勋，其在蜀汉政权建立中所起的作用可与汉朝的开国功臣萧何相媲美。

　　诸葛亮深受刘备的倚重和信任，成为蜀汉政权的开国丞相。

　　在蜀汉遭受关羽荆州之败和刘备兵溃夷陵内外交困的艰难局面下，诸葛亮受刘备托孤之重，毅然肩负起治理蜀汉帝国的重担，成为蜀汉政权的实际领导者。

　　在天下三分、蜀国国弱民疲的形势下，诸葛亮又亲自率兵北伐，与天下三分居其二的强大魏国作战，虽屡经挫折而矢志不渝，最终因积劳成疾而病死于五丈原军中。

诸葛亮在中国被视为智慧的化身，更多的是受到了传播广泛的通俗小说的影响。千百年来，关于诸葛亮的故事和传说在民间广为流传。

诸葛亮的智慧形象通过小说的夸张演绎而与历史上真实的诸葛亮存在着一定的距离，诸葛亮确实是充满智慧的政治家，人们崇拜诸葛亮除了因为他的智慧，更多的是对他鞠躬尽瘁死而后已的精神的敬仰。他对汉室的忠心，他治理蜀汉时的忧勤公事、废寝忘食，他的正直忠贞的品格，他的宽以待人、严于律己都令人动容。

诸葛亮在中国历史上和在中国人心目中的地位之崇高是其他任何历史人物难以望其项背的，在中国五千多年的历史上，名臣将相等杰出的历史人物何止千万，但中国人唯独对诸葛亮的崇拜却历经千年而不衰，岁月的流逝并没有减弱人们对他的敬仰和崇拜之情。

诸葛亮的忠诚、清廉、以天下为己任的胸怀抱负几乎符合所有中国人传统观念里的美德。千百年来，诸葛亮的事迹影响了亿万中国人，诸葛亮已经成为我们民族的骄傲和自豪。本书将为您还原一个更接近真实历史的诸葛亮。

目　录

第一章

不幸童年

一、双亲早逝独立自强

东汉光和四年（181），诸葛亮出生在徐州琅琊郡阳都县。琅琊，战国时属齐国，濒临东海，物阜民丰。齐乃东方大国，文教昌盛，著名的稷下学宫便产生于这片沃土。琅琊诸葛家族也是以诗书传家的传统士大夫家庭。

诸葛亮是诸葛珪的第四个孩子，但诸葛亮的出生仍令父亲欣喜不已，虽然家中已有三个孩子——年长诸葛亮八岁的哥哥诸葛瑾和两个姐姐。不久之后，诸葛亮又多了一个弟弟诸葛均。

诸葛亮的父亲诸葛珪，字君贡，曾任泰山郡丞，是一郡之内地位仅次于太守的地方高级官员。

东汉有一个不成文的官场潜规则——地方太守由朝廷任命派出，至于太守的下属官员如郡丞等，一般由本地有声望的世家大族子弟充任。

诸葛珪能做到郡丞，说明诸葛家族在地方绝非普通的寒门百姓。出身和门第对于生活在那个时代的人非常重要，从步入仕途到婚配嫁娶，出身都是一个无法回避的问题。门第观念在那个时代，已然根深蒂固。

东汉中后期，门阀士族正在形成，士大夫们标榜"祖德""家风"的门第观念蔚然成风。

诸葛亮的叔父诸葛玄与后来割据淮南的政治豪门袁氏宗族的袁术、荆州宗室刘表都有交情，而袁术和刘表，一个是名门子弟，一个是汉室宗亲，能与他们称兄道弟的人，不可能是寻常百姓。

袁术出身于东汉名门——四世三公的袁氏家族，袁家连续四代在朝廷掌权，门生故吏遍天下。

当时做官有一项重要的权力——荐举权。这种权力必须达到一定级别才有，官做得越大，这种人事权就越大，可以推荐的人就越多。袁氏家族充分利用了这种权力，很多人的命运因为袁家的推荐而发生改变，这些人当了官，自然要对提携他们的袁氏感恩戴德，唯命是从。这些手握大权的名门大族实际上已经成为帝国的真正主人。

人脉在任何时代都是宝贵的资源。袁氏在士大夫中的影响力和号召力在当时用一呼百应来形容一点也不过分。

袁术有这样的家世背景，加上他本人的傲慢性格，傲气逼人，如果不是世家子弟或者有名望的人，袁术是不接待的。自视甚高的袁公子，诸葛玄能与之交游，足以说明诸葛亮的这个叔叔的社会地位。

太守聘请当地名门望族子弟到郡里任职，这种做法对双方都有好处。太守是从外地来的，对本地情况不熟悉，需要借助地方势力才好办事，而地方上的名门望族也希望通过出仕做官扩大自己家族的政治影响。

如果不是因为战乱和父亲的过早去世，诸葛亮很可能也像他的父亲一样，通过这种方式走上仕途，然后由地方到中央，靠着自己的才能进入帝国的政治中心实现自己的政治抱负。

但东汉末年天下大乱，改变了很多人的人生轨迹，其中也包括诸葛亮。他的成长道路注定要充满曲折，但正如古往今来的许多伟大人物，在担当大任之前，都要经历很多磨练。

艰难困苦，玉汝于成。

从一个人的朋友可以推测出这个人乃至这个家族的层次地位，物以类聚人以群分，诸葛玄的另一个好友刘表也是当时的名士。

据说，诸葛亮的家族原先并不在阳都县，而是在诸县（今山东诸城西南），诸葛家原先也不姓诸葛而姓葛，先祖是秦末农民起义领袖陈胜手下的大将葛婴。

葛婴因为拥立襄疆被陈胜所杀。汉文帝为表彰葛婴起义反秦的功绩将他的子孙封为诸县侯。古人大都聚族而居，以封地为氏。像屈原的祖先受封在屈地，子孙便以屈为氏，项羽的祖先受封于项就以项为氏。葛氏族人因循古例在葛姓之前冠以

"诸"字，于是就有了复姓诸葛氏。

诸葛亮的父亲诸葛珪也是地方高官，本应锦衣玉食，可诸葛亮的童年只能用悲苦来形容。

诸葛亮幼年丧母，这是他人生最大的不幸。诸葛亮六岁时，母亲章氏因病去世，幼小的诸葛亮从此失去了母亲的呵护，在这个世界上，母亲对一个人的成长至关重要，这是其他角色不能取代的，小诸葛亮从此只能依靠自己，这也塑造了他独立坚强的性格。

不久，父亲诸葛珪又续娶一位继室。幸好，这位继母为人善良，对几个孩子非常好，家庭和睦而温馨。然而，就在诸葛亮八岁那年，不幸又一次降临到诸葛家，一家之主诸葛珪也去世了。

失去父母的诸葛亮兄妹成了孤儿，幸好叔父诸葛玄承担了照顾几个孩子的重担，从这时起诸葛亮兄妹就跟着叔父诸葛玄生活。

二、生逢乱世颠沛流离

黄巾之乱后，中原陷入军阀混战，长安、洛阳先后毁于战火。

各路诸侯逐鹿中原。

诸葛亮的家乡徐州琅琊郡反而因为地处"偏僻"躲过了最初的战火，很多中原百姓纷纷来徐州避难。徐州在战火纷飞的年代也算得上世外桃源。

诸葛氏诗书传家，特别重视子弟的教育，诸葛亮在叔父的教导下，开始读书学文。读书不仅仅是为了做学问，读书还是为了治国平天下。

东汉重视儒学，读书研究学问在东汉一朝蔚然成风。想进入仕途，必须要有文化，当时流传一句民谚："遗子千金不如通晓一经。"经指的是《尚书》《周礼》《论语》等儒家经典。

尽管外面烽火连天，但诸葛亮仍勤学苦读。

诸葛亮平静的书斋生活并没过多久，战火终于还是烧到了他的家乡。徐州最终没能逃脱战争的厄运，徐州的这场兵火还要从曹操的父亲曹嵩说起。

曹嵩是大太监曹腾的养子，曹嵩靠着曹腾的关系，官运亨通。曹嵩先后做过司隶校尉、大司农、大鸿胪，又花钱买了太尉的官职。

汉灵帝死后，大将军何进掌权，外戚与宦官斗得你死我活，曹嵩见时局不稳，于是辞官在洛阳养老。

董卓之乱洛阳成为战场，曹嵩便带着家眷和搜刮来的巨额财产回到家乡谯县过着富家翁的生活，后又辗转到徐州的琅琊郡，也就是诸葛亮的家乡。

当时曹操在乱世中靠着"爷爷"和父亲的人脉关系得到资助，也拉起了一支人马，还跟董卓干了一仗。

虽然这一仗曹操全军覆没，连他自己也差点把命搭上，不过，曹操也因此出了名。后来在发小袁绍的帮助下，曹操当上了东郡太守，接着剿灭了窜入兖州的青州黄巾军而受到当地军政官员的拥护，当上了兖州牧，算是在形势纷乱的战火中有了一块地盘。

儿子混出了名堂自然要接老爹来享福，但曹操没想到，自己的好意却给老爹带来了杀身之祸。

这时的曹操还不是后来八面威风的曹丞相，曹操也只有兖州一块地盘，不过是众多军阀中的一支。不买曹操账的人大有人在。徐州牧陶谦就是其中之一，他跟曹操是分属不同阵营的对头。

中原军阀，以袁绍、袁术兄弟为核心，形成了两个针锋相对的阵营。袁术这边有徐州牧陶谦、幽州公孙瓒；袁绍那里有曹操、刘表助阵，两边壁垒分明。

之所以形成两个阵营，说起来好笑，就因为袁绍和袁术兄弟互相瞅对方不顺眼，虽然是兄弟却互相拆台，两个人一南一北都搞远交近攻。

曹操的老父曹嵩倒霉就倒霉在他走错了路,曹嵩带着一家出华县进费县,这里正是陶谦的防区。陶谦不久之前刚被曹操痛扁了一顿,正没处发泄呢!曹嵩一家老小随即被陶谦所杀。

曹操得到消息,悲愤交加。其实,曹操早就对富庶的徐州垂涎三尺,只是找不到恰当的时机和借口,这回借着给老爹报仇,发兵徐州,既报了杀父之仇成全孝子之名,又可以扩大地盘壮大实力,一举两得。

初平四年(193)秋天,曹操率军进攻徐州,一路上曹军势如破竹,接连攻下十余座城池。

陶谦不得不亲自上阵领兵迎战,不过,陶谦不是曹操的对手,两军刚一交锋陶谦便被杀得大败。陶谦带着残兵败将逃到郯县坚守不出。

曹军攻城拔寨如入无人之境,曹操为了报复在徐州大开杀戒,仅仅在泗水边就屠杀徐州军民几十万人,尸体堆积如山,泗水为之不流,昔日清澈的河水此时被鲜血染红,徐州百姓为避战乱纷纷逃离家园。

战后的徐州到处是断瓦颓垣,一片狼藉。诸葛亮这时已经十四岁了,他目睹了战争的残酷,尸横遍野的战场、烧成废墟的村镇,没有什么比亲历战火更能使人成长的了。

徐州卷入战乱，诸葛亮一家再也不能在徐州住下去了。这时诸葛玄接到老友割据淮南的袁术的邀请，请他去豫章郡（今江西南昌）做太守。

诸葛玄正想离开徐州这个战乱之地，另外，诸葛玄也像所有读书人一样想要有一番作为，于是收拾行装带着诸葛亮、诸葛均和已到及笄之年的两个侄女踏上了南下之路。

诸葛亮的哥哥诸葛瑾这时已经成年，留下照顾继母和家里的田园庐舍。诸葛亮姐弟与哥哥、继母洒泪分别，告别亲人离开家乡，此后，诸葛亮再也没能回到故乡。

从徐州琅琊郡阳都县到扬州豫章郡数千里路，沿途经淮水渡长江溯赣水到南昌。走了几千里路，总算到了目的地，刚刚安顿下来，不承想又卷入另一场风波。

原来，诸葛玄的官是袁术任命的，并没有得到朝廷承认。朝廷很快又派了一个叫朱皓的人来当豫章太守。诸葛玄这时就比较尴尬了，走也不是，留也不是。

不过，作为好友，袁术让诸葛玄来豫章就是占地盘的，既然敢抢，就不怕。实际上，袁术早就做好了准备，已在豫章部署了军队做诸葛玄的后盾！

朱皓也知道单凭一纸委任状是没用的，现在讲的是实力。他知道诸葛玄有后台，他也去找后台。他找的是袁术的死对头扬州刺史刘繇。朱皓找刘繇借兵，准备武力夺权。

也许有人会问，袁术不是扬州刺史吗？怎么又出来一个扬州刺史？其实，袁术那个也是自封的，刘繇才是合法的得到朝廷正式任命的刺史，但在靠拳头吃饭的时代，实力决定一切。刘繇被任命为扬州刺史时，袁术已经占领了扬州的治所寿春城。

刘繇不敢惹袁术，只好搬到曲阿（今江苏丹阳），朱皓来求援正中刘繇下怀。诸葛玄是袁术的人，朱皓打诸葛玄也就是帮自己打袁术。既然惹不起袁术，那就拿诸葛玄出气吧。诸葛玄一介书生总比袁术好对付。

朱皓借来兵，马上对诸葛玄发起进攻，诸葛玄从没带过兵，更不会打仗，守不住城，只好带着诸葛亮姐弟退驻西城固守待援。

刘繇担心朱皓，特派丹阳人笮融带兵增援，但令刘繇做梦也没想到的是，笮融没去打诸葛玄，却把朱皓给杀了。刘繇得知后大怒，又派兵打笮融，最后笮融兵败被杀。

正当刘繇一伙内部火拼打得你死我活时，诸葛玄三十六计走为上计，带着侄子侄女离开西城，去荆州投奔另一个好友刘表了。

从西城到荆州的襄阳六百多里，又是一次长途跋涉。兴平二年（195），诸葛亮姐弟跟着叔父诸葛玄走水路一路坐船到了荆州的治所襄阳。从此诸葛亮开始了在荆州长达二十年的生活。

第二章

隆中诸葛

一、山雨欲来内忧外患

东汉的荆州最早有七个郡：南阳郡、南郡、江夏郡、零陵郡、桂阳郡、武陵郡、长沙郡。初平元年又从南阳郡分出章陵郡。

建安十三年（208），曹操占领荆州后，从南阳郡、南郡分出一部分设襄阳郡，这样荆州就有了九个郡，这就是"荆襄九郡"的由来。

东汉经董卓、李傕、郭汜之乱后，关中萧条，百姓为躲避战火，纷纷南下涌入荆州。

初平元年（190），荆州发生兵变，荆州刺史王睿被长沙太守孙坚杀死。而接替王睿的正是与刘焉同为汉朝宗室的刘表。

刘表，字景升，山阳高平人，汉景帝之子鲁恭王刘余之后。刘表单人匹马来荆州上任时，荆州已经乱成一锅粥，地方太守、豪强大族纷纷招兵买马割据一方。

此时的朝廷自顾不暇，刘表决定自己平定荆州。他先到宜城，找到荆州大族蒯氏家族的蒯良、蒯越与蔡氏家族的蔡瑁等人商议大计，在他们的支持下，刘表迅速掌控了荆州的局势。

不久，刘表把荆州治所由汉寿（今湖南常德东北）迁到襄阳。此后襄阳成为刘表统治荆州的大本营。江北稳定之后，刘表又派人招抚江南四郡，很快长沙郡、零陵郡、桂阳郡、武陵郡相继归附。

刘表刚平定叛乱，袁术就派孙坚进攻荆州。刘表派部下大将黄祖率军迎战，双方在樊城、邓县之间展开激战。

孙坚是汉末英雄。讨伐董卓之战中，关东联军害怕董卓不敢进兵，只有孙坚敢跟董卓打对攻。黄祖当然不是孙坚的对手，被杀得大败，一路逃回襄阳。

孙坚乘胜包围襄阳。刘表派黄祖夜袭孙坚大营又吃败仗。黄祖向岘山逃窜，孙坚紧追不放，夜色中，孙坚被黄祖埋伏在竹林中的士兵用弓弩射杀。

外部威胁解除，接下来经营内部更为关键，想在荆州立足，就要与当地豪强搞好关系。此时东汉朝廷已名存实亡，当地豪强才是真正的主人。外来的刘表，如果不能取得地方大族支持，就要卷铺盖走人。

刘表到荆州后，立即与这些家族联系谋求支持，前面提到的蒯氏就是荆州本地最有实力的豪族。

刘表通过联姻得到蒯氏和蔡氏的支持，得以在荆州站稳脚跟。

当时北方的曹操和吕布，公孙瓒和袁绍正捉对厮杀，大批百姓举家南迁，而安定富庶的荆州成为他们的首选，许多世家名士如颍川人徐庶、山阳高平人王粲、颍川人司马徽等都来到荆州避乱。

刘表对到荆州的名士热情接待、慰问赈济。一时，荆楚大地文教昌盛，讲诵之声处处可闻。荆州成为乱世之中的文化乐土。

二、联姻豪门借"力"而上

诸葛亮随叔父到荆州时已是十五岁的翩翩少年。两个姐姐也到了婚嫁的年龄，古人普遍早婚，女孩十三四岁结婚在当时是正常现象。

作为一家之长的叔父诸葛玄当然要为两个侄女的婚姻大事操心。古时婚姻讲究门当户对，虽然诸葛家族在家乡琅琊郡也算大族，不过，此一时彼一时，这时客居荆乡的诸葛家想同当地的世家大族结亲并不容易。但这难不倒人脉广的诸葛玄，因为刘表是他的好友。

有了这个背景，诸葛亮的两个姐姐分别嫁进了当地豪门——荆州的蒯氏和庞氏。诸葛亮的大姐嫁给了蒯氏家族的蒯祺，后被刘表任命为房陵郡太守。诸葛亮的二姐嫁给了襄阳名士庞德公的儿子庞山民。庞山民后来在魏国做官，做到黄门吏部郎。而这个庞山民有位堂兄叫庞统。

建安二年（197），诸葛亮的叔父诸葛玄在荆州病逝。诸葛亮失去了长辈的庇护，开始独立生活。

为了安心读书，诸葛亮与弟弟诸葛均搬到襄阳城西二十里的隆中，这里环境清幽，山峦起伏、松竹叠翠、溪水潺潺，是一个理想的读书场所。

隆中村在青山绿水之间、群山环抱之中，此地最高主峰在群山中心，因此名为隆中山，依山而建的小村就叫隆中村。

隆中静谧幽雅的环境十分适合修养心性、读书进学。隆中虽距襄阳很近，但在行政区划上却属南阳郡管辖。后世襄阳与南阳为诸葛亮的居住地归属问题一直争吵不休，打了上千年的官司。

诸葛亮来隆中时刚好十七岁，正是读书求学的大好年华。隐居隆中的诸葛亮远离纷扰一心苦读，为了报国的志向而孜孜不倦。

诸葛亮在隆中也参加了一些田间劳作，但这并不等于说诸葛亮就是农夫，当时许多隐居名士读书之余也常以耕田作为消遣，这在当时很流行，但并非以此为生。诸葛亮的两个姐姐此时已嫁入豪门，经济上两个姐姐自然时常对两个弟弟给予关照。

所以诸葛亮衣食无忧，能够专心读书。

三、舆论人脉朝野人望

诸葛亮在隆中隐居时，庞德公和司马徽是对诸葛亮影响最大的两个人。

庞德公的儿子娶了诸葛亮的二姐，两家是亲戚，时常有走动。庞德公是襄阳人，住在襄阳南二十里的岘山，虽然离襄阳如此之近，庞德公却从未去过襄阳，一直隐居不出。刘表曾亲自前来迎请礼聘也不能请动。虽然庞德公并未出仕做官，但在当地却是知名的隐士。

诸葛亮作为后辈对庞德公的人品和学识非常钦佩，加之又是亲戚，两人一个住城西，一个住城南，相距不远。

诸葛亮经常向庞德公请教学问，每次到庞家，诸葛亮都恭恭敬敬拜于庞德公床下，执弟子之礼。

庞德公发现诸葛亮才学出众志向非凡，是一个不可多得的可造之材，对诸葛亮更加器重和赏识，常与诸葛亮谈论学问、议论天下大势，两人亦师亦友成为忘年交。在庞德公家里，诸葛亮又结识了司马徽。

司马徽，字德操，豫州颍川人，也是南下避乱的学者之一，擅长古文经学，司马徽善于品鉴人物，而且品评不带私见，评价人物都如其所论。

司马徽的品鉴在士大夫圈子里很有影响，知名度仅次于许劭。他的朋友庞德公便送了他一个"水镜"的雅号。诸葛亮对司马徽的学问也十分倾慕。

这里有必要提到另一位受到司马徽高度评价的青年——庞统。

庞统，字士元，荆州襄阳人，庞德公的侄子，诸葛亮的亲戚。庞统小时候有些木讷。大家觉得庞统将来不会有大出息。其实，庞统属于那种大智若愚型，只有叔父庞德公看好庞统，认为庞统将来必成大器。

庞统年轻时曾专门拜访司马徽（这跟曹操年轻时拜访许劭目的相同，希望权威专家给自己一个好评，增加知名度），来时正赶上司马徽在桑树上采桑叶，庞统就坐在树下与司马徽聊起来，两人一个树上一个树下谈得十分投机。

庞统比诸葛亮大两岁。在朝夕相处、同窗共读中，彼此间情谊深厚。所以，后来当庞统做耒阳令被免官时，诸葛亮向刘备保荐庞统非百里之才，使庞统得到重用。

庞德公、司马徽对诸葛亮、庞统两个青年才子很是欣赏。两个德高望重的学者隐士不遗余力到处奔走，为两人扩大知名度。"卧龙"和"凤雏"的雅号就是出自两位老先生的意思。

有两位名士推荐，诸葛亮和庞统的知名度与日俱增，并最终作为荆州的青年才俊代表脱颖而出。后来两人被刘备礼聘实际也是庞德公和司马徽倾力推荐的结果。

诸葛亮在拜师求学的同时也广交朋友。诸葛亮在隆中读书时，与荆州的青年才俊多有交往，与其中的很多人结下深厚友谊。庞统即是其中之一，两人既是亲戚同学又是志趣相投的好友，以后又一同辅佐刘备，关系之亲密非常人可比。

徐庶，字元直，豫州颍川人，诸葛亮的好友。年轻时的徐庶好打抱不平，仗剑走天涯。随着年龄的增长，徐庶心性逐渐安定下来，开始潜心学问。后来家乡卷入战乱，徐庶便同好友石韬来荆州避难，与诸葛亮结识成为至交好友。

石韬，字广元，豫州颍川人。与徐庶是好友，两人结伴来荆州，后又与诸葛亮一起读书求学。

孟建，字公威，豫州汝南人。兴平元年来荆州，也加入了这个小圈子。

崔州平，博陵人，他的父亲就是那个花五百万钱买官的崔烈。中原大乱时，作为高干子弟的崔州平也来荆州避难，不久也加入诸葛亮的社交圈子。

几个好友经常在一起纵论天下大事。一次，诸葛亮与几位好友闲谈，聊的话题一多自然就引到了将来的前程问题上。毕竟，大家读书不是为了做隐士而是要做官。诸葛亮看着身边的几个好友崔州平、孟公威、石韬，对他们说："你们几人将来做官，可以做到太守、刺史。"几人问诸葛亮，你说我们都能做太守、刺史，你自己呢？诸葛亮笑而不答。其实，这个问题不用回答。诸葛亮常自比管仲、乐毅。只要看看他们的事迹，答案自然明了。

管仲名夷吾，春秋时齐国的上卿，曾辅佐齐桓公"九合诸侯一匡天下"，使齐国称霸中原，齐桓公也成为春秋第一霸主。管仲因其卓越的功绩成为春秋第一名相。乐毅是战国名将，帮助燕昭王雪耻复仇，打败了不可一世的齐国。

诸葛亮以管仲、乐毅自比，可见他志向之远大。日后定要出将入相，匡正天下。

四、婚姻真相才子丑女

相貌堂堂仪表不俗的诸葛亮在隆中读书时就已卓然不群、才华出众。

因为诸葛玄与刘表是好友，因而与荆州上层往来密切。诸葛家与当时荆州的蒯氏家族和庞氏家族的联姻为诸葛亮积累了丰厚的政治人脉。诸葛亮与荆州的名士频繁往来。

男大当婚女大当嫁，诸葛亮也不例外。婚姻是人生大事，有时候甚至可以改变一个人一生的命运轨迹，尤其是对诸葛亮这样的有志青年，绝不是娶个媳妇那么简单。这里面涉及复杂的家族利益、政治利益。

作为一个翩翩公子，来给诸葛亮说亲的人自然不少，即使以现在的标准，诸葛亮也是姑娘们心中的理想伴侣，又高又帅。

荆州名士黄承彦主动上门"推销"自己的女儿黄月英，说小女虽容貌丑陋但很有才学，问诸葛亮愿不愿意。没想到诸葛亮很痛快就答应了。

黄承彦一听诸葛亮愿意娶自己的丑女儿，喜出望外，生怕诸葛亮反悔，很快便用车将女儿送到诸葛亮家。

也有人认为黄月英其实并不丑，只不过不漂亮而已。古人在表述女儿或妻子时，往往习惯用谦辞。不过，黄家的女儿即使不是丑女也只是"中人之姿"，总之姿色肯定配不上风姿俊朗的诸葛孔明。

消息不胫而走，很快这事便一传十十传百，成为荆州人人皆知的新闻。人们对不"般配"的婚姻议论纷纷，一个仪表堂堂的青年才俊却娶了这么一个其貌不扬的姑娘，有好事者还编了民谣："找媳妇可千万别学诸葛亮，挑来挑去却正娶了阿承的那个丑女。"

其实，三国时代的婚姻从来不是两个人的事，三国婚姻与爱情无关，与利益有关，尤其是上层婚姻，几乎都是政治婚姻。

以后来刘备的蜀汉阵营而论，刘备先娶孙权小妹，后娶吴懿之妹。刘备的这两次婚姻都是政治色彩浓厚的政治婚姻，到了他儿子刘禅，依然如此，传统仍在继续，刘禅先后娶了张飞的两个女儿，两女先后为皇后，将自己的一个女儿嫁给诸葛亮的儿子诸葛瞻，将另一女儿嫁给关羽之子关统为妻。诸如此类的婚姻在曹操、孙权阵营也为数众多。诸葛亮与黄月英的结合也不例外。

诸葛亮选择结婚对象，姑娘是否漂亮几乎可以忽略不计，对于一心想成就一番事业的诸葛亮来说，对方的家世、家族与社会地位、政治权势才是首要考虑因素。而黄承彦的背景符合诸葛亮的要求。

黄承彦虽隐居不仕，并未出山为官，但黄家在荆州的势力却不可小觑。黄承彦的妻子是荆州最有势力的名门望族蔡氏蔡讽的女儿。蔡讽的姐姐嫁给了太尉张温，另一个女儿嫁给了荆州牧刘表。

黄承彦与刘表是"连襟"，蔡讽的儿子蔡瑁是刘表手下最为倚重的大将。刘表的荆州政权是依靠蔡家和蒯家等几个大族的支持才建立起来的。

此前，诸葛亮的两个姐姐先后嫁入荆楚豪门蒯家、庞家，使诸葛亮与荆州上层建立了联系，但这种关系毕竟是间接的，如果娶了黄承彦的女儿也就与黄家和蔡家都有了更密切的联系。

正是因为诸葛亮与荆州上层的紧密联系，数年之后，与荆州各界往来密切的刘备才会注意到诸葛亮，也才会有后来的三顾茅庐。

第三章

卧龙出山

一、百折不挠愈挫愈奋

得知曹操北征大胜而还，客居荆州的刘备不禁一声长叹，又一个千载良机错过了。

郭嘉猜得没错。刘备果然想鼓动刘表趁曹操远出，率军出击。而事实的结果也再次坐实了刘表"自守之贼"的称呼不是浪得虚名而是实至名归。刘备果然如郭嘉所料，劝不动刘表。

听说曹操扫平北方，将两个大侄子的人头也一并带了回来，刘表心头也涌上一丝不安。他有点后悔了，后悔没听刘备的。

刘表把刘备找来，说当初听你的就对了，可惜，错过良机。刘备还能说啥，只能安慰刘表，不要紧，还会有机会的。哪里还有机会！曹操已经扫平北方解除后顾之忧，即将南下。

刘表只想守住这一亩三分地，可还是守不住。刘表不知道，在曹操的黑名单上，他的排名是相当靠前的，仅次于刘备跟袁绍，排在第三。

此时，曹操控制着朝廷，关东已是他的地盘。关中割据的那些势力至少名义上是服从中央的。剩下南方，益州过于偏远，而江东的孙权还在抱他的大腿，双方还是姻亲，此时的孙权翅膀还不硬，很是听话。

曹操接下来要对谁动手，想都不用想。

建安十三年（208）六月，曹操如愿以偿当上丞相，大权在握的他此时是真正的一人之下万人之上。而他上面那个人，其实是要看他脸色的。

曹操即将挥军南下。

而刘备则是满腔壮志难酬的愤懑。

听说曹操在北方摧城拔寨高歌猛进，最郁闷的就是刘备。刘玄德也是有英雄之志的一代英豪，现在却只能蜗居在新野给刘表站岗，看着曹操的事业蒸蒸日上。两相对比，怎能不令人感伤。

刘备与曹操都有想法有能力，出道的时间也差不多，可是如今的发展却有天渊之别。造成如此巨大的差异不是能力高低，曹操能说出"天下英雄唯使君与操耳"，足以说明两人是一个层次的对手。拉大差距的原因，追根溯源，还是两人的起点不同，一步跟不上，随后就可能步步跟不上。

曹操征战的八年，刘备也未闲着，他也很忙，忙着交朋友。刘备后来入蜀据有两川，三分天下有其一，他的班底主要是荆州人构成的。所以史书上说"先主入蜀，荆楚之士从之如云"。

刘备有如此号召力，那都是日积月累的结果。刘备的魅力自不必说，但建立信任产生感情也是需要时间的。刘备能以荆州发迹，便是在此时打下的基础，这种基础叫人心。

刘备得人心，还有威望。青梅煮酒论英雄已经将刘备提升到同袁绍、曹操一个层次。

曾经热闹的关东群雄，如今已是明日黄花。袁术、吕布、陶谦、公孙瓒、张扬、张绣，这些人除去公孙瓒基本都是被曹操收拾的，要么投降，要么死亡，地盘被接管，队伍被收编，连盟主袁绍也不例外。

例外的只有刘备。这位传奇英雄纵横江湖二十年，与上面的各路诸侯几乎都有交集。这份履历，想不要声望都不行。

刘备的名声越来越大，声望越来越高，尴尬的是地盘却越来越小。二十年纵横南北，却寸土未得，如今还要寄人篱下，客居荆州。

刘备得人心又有威望，荆州士族跟刘备走得很近。刘表就很尴尬了。对刘备他既要防范又想拉拢，始终很矛盾。

刘备的能力是有目共睹的，能跟曹操过招的人也只有刘备了。对此，长江以南的各路诸侯心里都是有数的。

刘表将刘备安排在荆州北面的新野，目的就是防范曹操。后来，江东孙权也是看重刘备的抗曹能力才愿意与之联合，也正是有刘备，孙权才能保住江东。再后来，刘璋也是这么想的，请刘备去帮着守北方边界。

刘表晚年将刘备驻地从新野移至与襄阳隔水相望的樊城，也是矛盾心理的体现。

刘表对刘备热情似火的交友有所警惕，他要防着点刘备，但他年事已高即将不久于人世，他的两个儿子是啥水平，他自己最清楚，知子莫若父。他当然希望刘备能辅佐自己的儿子守住荆州。所以，他又不得不看重刘备。

纵横江湖二十年的刘备到头来还是难以在豪门林立的中原立足。来到荆州，远离金戈铁马的日子，突然停下来，刘备终于有时间反思。他发现自己缺少人才的辅佐。

此时，刘备在荆州八年精心构建的强大的朋友圈发挥作用了。刘备在荆州先后认识了荆州大族马氏兄弟的马良、习氏家族的习祯、杨氏家族的杨颙。

不过，对刘备而言，下面认识的两个人更重要。这两个人分别是流寓荆州的颍川人司马徽跟徐庶。而这两人向刘备推荐了同一个人：诸葛亮。

中原烽火连天，群雄逐鹿，为躲避战乱，北方士大夫纷纷南下，相比动荡的江东与偏远的蜀地，交通便利临近中原的荆州就成为他们的首选之地。而流寓荆州的士大夫也因阶层、兴趣形成一个个小群体。

诸葛亮终于出场了。

二、三顾茅庐隆中对策

诸葛亮，中国历史上最伟大的政治家！最优秀的丞相！

诸葛亮在荆州也加入了流寓士大夫的圈子，他的朋友有崔州平、孟建、徐庶，还有亦师亦友的司马徽。

而刘备在荆州的圈子也很大，在刘备的圈子里也有司马徽跟徐庶。

于是，刘备的朋友圈与诸葛亮的朋友圈产生了交集，这为这对千古君臣的相遇埋下了伏笔。

徐庶先于诸葛亮投入刘备幕府，这点很重要。很快，徐庶的才干人品就得到刘备的认可，也是在这种情况下，徐庶向刘备推荐了自己的好友诸葛亮。

了解一个人最快速最直接的办法就是看他交往的朋友。物以类聚，人以群分，这句话再过一千年也是适用的。

首先刘备通过实际观察充分认可徐庶，因此对徐庶推荐的人虽未谋面心里也已认可七八分。徐庶说我的朋友诸葛亮才学出众，才干远在我之上，必能辅佐主公成就大业。刘备说那就请你的朋友一起来吧。徐庶说这人您得屈尊亲自去请。刘备想徐庶如此推崇的人必定不简单，便同意了。

而在刘备去见诸葛亮之前，他还去见了另外一个人，司马徽。

刘备也向司马徽询问此间可有贤才。当时流落荆州的士大夫很多，本地的名士也不少，但司马徽知道刘备寻访的不是坐而论道如华歆、王朗之辈的坐谈客，而是有经邦济世之志、真正能治国理政的人才。

因此，司马徽着重向刘备推举诸葛亮。司马徽还说了一句流传甚广的名言："儒生俗士岂识时务，识时务者在乎俊杰。"言下之意，诸葛亮即是能看清天下大势的俊杰。

司马徽这话说得很有分量。如果是普通人说，效果不大，但司马徽不是普通人。虽然他未曾入仕做官，却有话语权。他是当时著名的人才评鉴专家，与搞出汝南月旦评的许劭齐名。但凡能被他们做出好评的士人都会声誉倍增。

当初，曹操就追着许劭要评语，许劭还不愿意搭理他。曹操不得不用流氓手法迫使许劭给好评，而许劭在不得已的情况下才给出那句"治世之能臣、乱世之奸雄"的著名评语。

曹操的背景有多深，众所周知，可是连他也要主动求评语，还要逼迫，说明人才品评对人的仕途影响确实相当重要，而且品评人是有道德操守的，不会因为你是权贵就谄媚讨好主动给好评。而这也进一步加强了评语的信誉分量。

而司马徽是主动给的评语，还是好评，这是很难得的。司马徽雅号水镜先生。之所以得如此雅号，就是由于他对人的评价大多客观公正接近事实，司马徽的名声信誉就是保证。司马徽极力推荐的人，不能不引起刘备的重视。

刘备与诸葛亮的朋友圈早有交集，所以他们虽未见面，但也早闻其名，神交已久。刘备虽是客居荆州，但也是朝廷的左将军，不会随便亲自登门拜访普通的士人。而诸葛亮在隆中自比管仲、乐毅，看他的偶像就知道他的志向，那是肯定要出山匡君辅国的大才。对于决定自己一生的选择，诸葛亮不可能轻易草率做出决定，他在心里肯定早对各路英雄都做过分析对比，才最后选定的刘备。

双方是在对对方有充分了解的情况下，才有的那次载入史册的著名会面，进而才有闻名于世的隆中问对。刘备三顾茅庐请诸葛亮出山的故事，早已家喻户晓妇孺皆知。

诸葛亮后来在《出师表》中写道："先帝不以臣卑鄙，猥自枉屈，三顾臣于草庐之中，谘臣以当世之事，由是感激，遂许先帝以驱驰。"

三顾茅庐能成为传颂千年的千古佳话，是因为有着强烈而广泛的受众群体。

古往今来的读书人都希望有慧眼识珠、求贤若渴的明主来三顾自己。然而贤臣得遇明主，可遇而不可求。三顾茅庐世所罕见，所以才显得弥足珍贵。

四十多岁的左将军刘备肯三顾茅庐去见二十多岁从未出仕的卧龙诸葛亮也是有原因的。

刘备渴望建功立业，心情急迫。他再不愿虚掷光阴，蹉跎岁月。

一个小故事很能说明刘备当时的心态。一次，刘表请刘备到府中饮酒。刘备中途起身去方便，却不经意间发现大腿上已经长满赘肉。戎马一生的刘备，此前的二十年都是在马背上度过的，古时骑马可不是舒服的事，很颠簸不说，还很累人。可到荆州数年，刘备很少再有机会跨征鞍领兵打仗。

刘备看着腿上的赘肉悲从中来，不觉泪流满面。刘备回到席上，刘表见他面有泪痕，便问其缘由。刘备很是感伤地说，岁月易逝，老将至矣。而功业不建，是以悲耳。这是英雄壮志未酬的感伤。

英雄暮年却壮心未已，志在千里。曹操的诗写的是他自己，又何尝不是刘备一生的真实写照！曹操说只有刘备才是他的对手，也是他深明此理，他与刘备都有远大志向，都渴望建功立业。他们的差距只是起点不同。起步的差距有时要用一生去追赶。

此时的刘备求贤若渴，他的很多举动都是超乎常规的。刘备愿意屈尊，不仅因他对贤才的渴望，也因他此时实力还很弱小。他能给出的条件有限，他所能给的只有真诚。

刘备亲自前往隆中访贤，去了三次才见到诸葛亮。有人说三是虚数，其实，虚实不重要，重要的是刘备的真诚。终于，刘备与诸葛亮这对千古君臣见面了。

刘备也不客套，直接申明己志："汉室倾颓，奸臣窃命，主上蒙尘。孤不度德量力，欲信大义于天下，而智术短浅，遂用猖獗，至于今日。然志尤未已，君谓计将安出？"（《三国志·诸葛亮传》）

如今大汉衰微，皇帝又被奸贼曹操控制，我很想拯救国家，但自己的能力有限，几经挫折沉沦至今。然而，注意，古文的"然"字意思深长，从这开始转折，前面是讲形势，后面才是重点。虽然遭遇很多失败挫折，但我刘备匡扶汉室的志向从未改变，您看我该怎么办？

多少人年轻时也曾豪情万丈，也曾充满热血，但现实是冷酷的，经过生活的毒打后，大多数人早已向命运投降。但刘备已近知天命之年，依然斗志不减，胸中激荡着雄心壮志。

刘备一生百折不挠，不为人下，愈挫愈奋，终成帝业！

刘备坚韧不拔的坚毅品格，百折而不挠的拼搏精神，千百年过去，依然受到尊重，值得学习，特别是那些出身底层的寒门子弟，在刘备身上，很可能找到自己的影子。

刘备开篇明确自己的立场：匡扶汉室。然后，求教于诸葛亮，接下来该如何走出困局。

隆中对策，历来都被看作诸葛亮为刘备做出的长远战略规划，这当然是对的。

但其实，对策的重点是近期的战术部署。未来很远，如何应对即将到来的危局才是更紧迫的。

"自董卓已来，豪杰并起，跨州连郡者不可胜数。曹操比于袁绍，则名微而众寡，然操遂能克绍，以弱为强者，非惟天时，抑亦人谋也。"（《三国志·诸葛亮传》）

诸葛亮首先也要讲形势，自董卓乱政，天下纷争，干戈不休，诸侯混战。曹操各方面的实力都弱于袁绍，但曹操能以弱胜强，靠的是人谋。

诸葛亮的话，前面是讲形势，重点也在后面。举曹操战胜袁绍的例子意在给刘备鼓劲儿。很显然这是类比，昔日之袁绍就是今日之曹操，昔日之曹操就是今日之刘备。强弱是可以相互转化的，关键在于人谋。曹操有荀彧，现在您有我了。我会为您谋划。

"今操已拥百万之众，挟天子而令诸侯，此诚不可与争锋。

孙权据有江东，已历三世，国险而民附，贤能为之用，此可以为援而不可图也。"（《三国志·诸葛亮传》）

这其实并不是讲未来大势而是讲眼前的局势，未来你要匡扶汉室，曹操是头号敌人，自然要与其争锋。这里说的不可争锋是指现在不可争锋。不是不想，真的是实力不允许。至于江东，将来也是要图的，只不过现在条件还不成熟，当前还需要与之联合。这是明明白白的就目前形势所做的分析并提出的对策。

诸葛亮现在讲的几乎就是赤壁之战前的形势，曹操实力很强，我们不能单独与之对抗，要联手孙权，共同抗曹。不是诸葛亮能预见未来，而是形势已经十分明朗。

统一北方的曹操，以其爱折腾的性格势必南下扫除南方的三大势力。益州此前几乎与曹操没有交集也谈不上威胁。江东孙权与曹操的关系不咸不淡也没有利害冲突。只有荆州刘表对曹操构成直接的实质性威胁，双方还多次大打出手。曹操几次北征都担心刘表从后面捣乱。所以，终于腾出手的曹操南下会先来打谁，几乎不用怀疑，就是刘表。

"荆州北据汉、沔，利尽南海，东连吴会，西通巴、蜀，此用武之国，而其主不能守，此殆天所以资将军，将军岂有意乎？"（《三国志·诸葛亮传》）

　　然后，诸葛亮告诉刘备，眼前最大的机会就在荆州。荆州是四方觊觎之地，北方曹操、江东孙权都有侵吞荆州之心，更重要的是，"其主不能守"，这个主可能指刘表也可能指的是刘琦、刘琮。刘表年事已高体弱多病，即使在其壮年时也不是曹操的对手。至于他那俩儿子还不如他，肯定守不住荆州。如此，您的机会就来了。

　　以上的对策讲的是如何应对眼前的局势。

　　接下来谈的才是未来。

　　"益州险塞，沃野千里，天府之土，高祖因之以成帝业。刘璋暗弱，张鲁在北，民殷国富而不知存恤，智能之士思得明君。将军既帝室之胄，信义著于四海，总揽英雄，思贤如渴，若跨有荆、益，保其岩阻，西和诸戎，南抚夷越，外结好孙权，内修政理；天下有变，则命一上将将荆州之军以向宛、洛，将军身率益州之众出于秦川，百姓孰敢不箪食壶浆以迎将军者乎？诚如是，则霸业可成，汉室可兴矣。"（《三国志·诸葛亮传》）

　　然而，仅有荆州是不够的，在与曹操正面争锋之前，必须尽可能壮大自己的实力，而可去的只有西面的益州。刚巧，益州的刘璋欠缺主政能力。据有两州，才有与曹操争锋的资本，到时从荆州、益州两个方向北伐，会师关中，进而东进中原，便可实现匡扶汉室的理想。

　　诸葛亮的隆中对策，既有对现实的精准分析和巧妙布局，也有对未来的战略规划和长远筹谋。诸葛亮的过人之处不仅在于他能做谋划，还在于他能自己执行。

　　隆中对策的重点是荆州，难点也是荆州。据有荆州是跨有荆益的第一步也是最关键的一步，万事开头难，走好第一步后面就好走多了。但第一步确实难走。

　　而此时，荆州的夺位之争也趋近白热化。刘表已然时日不多，接班人的选定就显得更为紧迫。如果说曹操是乱世之奸雄，那么刘表就是治世之能臣。

　　然而，他生错了时代，即使面对曹操北征的好机会，在刘备极力劝说的情况下，他也不肯弄险。

　　刘表在荆州得以立足靠的是荆州地方豪强的支持，他迎娶荆州蔡氏之女，通过政治联姻与地方势力深度绑定，这是他在荆州成功的关键，但也是他失败的主因。荆州不完全是他说了算的。

　　刘表的二子刘琮也走了他老爸的老路，娶了蔡氏之女。刘琮的老婆是他后妈的侄女。刘琮再次与蔡氏深度绑定。蔡氏会支持谁接班，不言而喻，关键是人家蔡氏是地方实力派，有话语权，就算是刘表也要看蔡氏的脸色。

　　如此一来，长子刘琦的处境就很艰难了。被握有实权的蔡氏排挤，又被后妈蔡氏天天向刘表吹枕头风，经常被黑，刘表也逐渐疏远长子。

刘琦在襄阳不受待见，却与樊城的刘备关系很好。刘琦听说刘备新来的军师诸葛亮足智多谋，便向诸葛亮谋求存身之计。

诸葛亮表面多次婉拒，实则这很可能是他的欲擒故纵。被逼急的刘琦只好也使出一计，请诸葛亮过府饮宴，故意将宴席设在高楼，然后令人撤去梯子，对诸葛亮说，此处上不至天，下不至地，只有你我二人，现在可以请您教我吗？诸葛亮这才给刘琦讲起春秋时期晋国的一个典故，当时的晋国国君也宠爱幼子，几个长子惶惶不安，公子重耳主动申请去镇守边疆，而太子申生却不肯离去，不久便被后母设计害死，而重耳因身居外任得以幸免。这与刘琦目前的处境极其相似。诸葛亮对刘琦说，君不见申生在内而危，重耳在外而安乎。

如此明示之下，刘琦顿悟，立即申请外调，而不久之前，江夏守将黄祖为孙权所杀，正缺大将坐镇，刘琦主动申请，正合蔡氏之意，他们巴不得刘琦滚得越远越好。于是，刘琦顺利带兵去江夏，远离了是非之地。

刘琦远离权力中心等于弃权，但远走江夏得以避祸保存实力。而蔡氏支持的刘琮基本确定接班。这场家族纷争，各取所需，看似双赢，但最大的受益者其实是刘备。

在诸葛亮给刘备做出的隆中对策中，北拒曹操、东和孙权的思想已经极其明显。荆州的威胁只来自两方，北方曹操与江东孙权。

刘琦驻兵的江夏邻接江东，在未来联合孙权北抗曹操的布局中这里是重要的局点。刘琦在江夏防孙权，刘备在樊城防曹操。樊城也是局点，但其实只起预警作用，曹操真的打来，樊城是守不住的，这即是诸葛亮隆中对策所说的不可与之争锋。相比之下，刘琦的江夏作用更大。

不久之后的孙刘联盟，刘备一多半的资本其实都是刘琦的。

诸葛亮表面上为刘琦献的是存身之计，实际是在为刘备的未来布局。其实，在布局的不仅是诸葛亮，江东孙权也在悄然进行他们的布局。江东孙氏据有六郡，但靠海的东三郡才是他们的大本营，孙权兼任的会稽太守可以很好地说明这一点。然而此时的孙权却不声不响地将他的指挥部前移到西面紧靠荆州豫章郡的柴桑，用意不言自明。

刘备与孙权的布局都在悄然进行。而掌握主动权的曹操也在悄然进行南下荆州的最后准备。

三、联合抗曹火烧赤壁

建安十三年（208）正月，曹操又开始挖沟了，不对，是挖湖。

远征归来，才回到邺城的曹操下令在邺城挖一个湖出来，他要在这里训练水军。湖的名字叫玄武湖。正月，曹操也不闲着，他要创建水军。

曹操此前从未玩过水，现在他准备尝试新鲜刺激的水上项目。他用这辈子的经历告诉人们，生命在于折腾，生命不息，折腾就不能停，他是闲不住的人。当然，曹操不是瞎折腾，他折腾的目的是为了统一天下。

北方已经被他扫平，造船、挖湖、训练水军，用意何在？当然是要南进。

只有去南方，才用得上战船。

曹操准备南下了。嚷嚷这么多年，这回真的要动手了。

六月，曹操如愿成为丞相。

七月，曹操就率军南下，直奔荆州而来。

八月，曹操还在路上就收到了一个重磅消息：刘表死了。

刘表的死并不令曹操意外，但走得这么快，还是让曹操有点吃惊，他赶紧下令，加快行军速度。他清楚，孙权那家伙也惦记荆州好久了。如今荆州局势难测，可不能让孙权浑水摸鱼，毕竟，他离荆州更近。

再说荆州，刘琮顺利接班，然而他这个荆州之主是临时的，脸上的喜悦尚未消散就凝固了，因为曹操打过来了。

刘琮赶紧召集部下开会商讨对策。刘琮说，曹操将至，如何是好？想不到，大家众口一词，好办呀！咱们投降！这有啥好想的！

刘琮很尴尬，刚上位就投降，这个实在有点……

刘琮："今据全楚之地，守先君之业，以观天下，何为不可？"群僚："不可，不可。逆顺有大体，强弱有定势。"

刘琮的想法是还想抵抗一下。

可是，部下们却一点面子也不给他。

荆州的豪强们才是荆州的真正主人，为劝刘琮打消抵抗的念头，轮番上阵给刘琮洗脑。

他们说曹操是丞相是代表朝廷来的，我们是臣子怎么可以抗拒朝廷呢！再说用刘备去抵抗曹操，打得过吗？刘备为啥来荆州，不就是打不过曹操才来投奔咱的吗？

众人道："将军自料比刘备如何？"

刘琮："不如也。"

　　大家见刘琮气势明显弱下去了，于是再接再厉劝刘琮："刘备打不过曹操，荆州保不住。刘备打得过曹操，他会甘心做您的部下吗？"刘琮终于开悟，敢情输赢是一回事儿，那干脆投降吧。

　　于是，曹操率军抵达襄阳时，刘琮主动开城投降。

　　荆州的投降派缺德之处在于，他们从商定投降到派人接洽，整个办理投降的过程中，一直对刘备封锁消息。直到所有的手续办好，尘埃落定，才派人通知刘备。

　　这时曹军已到新野，刘备就在汉水北岸的樊城，与襄阳仅一水之隔。

　　刘备气得对刘琮的使者大骂，你们这些人做事也忒不地道了，大祸临头才告诉我。然而骂街也不管用，得收拾行李赶紧撤。

　　说到撤退，刘备是有经验的，而且经验还很丰富。按照刘备以往的速度，等曹操追到樊城，估计刘备已经坐在江陵城里喝茶了。

　　但这次不同以往，听说曹操杀来，荆州的老百姓纷纷携家带口举家出逃，跟着刘备的队伍一起撤退。十几万人，辎重数千辆，扶老携幼，想快是不可能的。有人建议刘备丢弃百姓，兼程急进抢占江陵。刘备却说，成大事要以民为本。现在百姓愿意跟随我，怎么能丢下他们不管呢！刘备的一番话令在场者无不动容。刘备常说曹操以暴，他以仁，凡事必反其道而行之。这并非虚言。曹操屠徐州，所到之处鸡犬不留。刘备撤退，百姓主动相随。

曹操屠城的黑历史，那是怎么洗都洗不白的。

曹操所至血流成河。

刘备所至箪食壶浆。

刘备征战一生未尝屠一城，仁义之君实至名归。刘备带着十几万百姓日行十余里，缓缓向前挪。众人看在眼里急在心上。在众人劝说下，刘备才同意让关羽率水军乘战船先行南下，但他自己连同家眷坚持与百姓一起走。

患难见真情，刘备的这份仗义让荆州百姓深受感动。刘备与百姓同进退的举动为他赢得了人心。

此时他的老对手曹操正在追他的路上。曹操这次来荆州本想打个出其不意，是偷偷摸摸来的，没想到人家直接投降。曹操对刘琮的识趣很满意，再一打听得知，刘备已过了襄阳奔南边去了。

曹操不用猜都知道刘备要去哪，江陵。刘表这些年攒的东西多半存在那儿，要是让刘备得到可就不好办了。

曹操立即点起五千虎豹骑奔着南边就追了下去，据说一天一夜狂奔三百里，这几乎是行军极限。年过半百还敢这么玩命的也就只有曹操了。

前面的日行十余里，后面的一日一夜三百里，不出预料，很快就追上了。

其实，所谓不出预料是就双方过于悬殊的速度对比做出的预料，曹操心里还是有点意外的，以他对刘备的了解，他对追上刘备并不乐观，毕竟，这么多年，他连刘备的背影都看不见。

曹操之所以一日一夜急行三百里，就是基于他对这位"老友"的了解。刘备要是放开速度敞开跑，任何人也别想追上他，其中也包括曹操。虎豹骑能追上刘备，只是因为刘备这次撤退带上了老百姓。

曹操的虎豹骑在当阳的长坂坡追上了刘备的撤退队伍。接下来的场面是比较虐心的。军民混杂的队伍在虎豹骑的冲击下，瞬间崩溃，因为曹军的突然攻击，刘备部队很快被冲散。

刘备来不及召集部队，只带着诸葛亮、张飞等数十人突围而出。赵云负责护卫刘备家小，可是，乱军之中，一片混乱，家属也被人群冲散。危急时刻，赵云身抱幼主，保护着甘夫人奇迹般杀出重围。

刘备带着诸葛亮、张飞、赵云以及脱险的甘夫人跟阿斗，改变路线走汉津与关羽会合。

与关羽水军在沔水会合后，刘备全军沿汉水东下，路上遇到江夏太守刘琦率兵前来接应，两路人马会师后回到夏口。

刘备败退夏口，危机仍未解除。因为此时，曹操已顺利接管荆州，进入江陵。

现在刘表的家底荆州七郡数万军队都归了曹操。襄阳、江陵，荆州精华之所在都被曹军占领。南阳、南郡，荆州富庶之重镇也归曹操所有。荆州江南四郡传檄而定。

曹操接下来要做的不用猜，就是继续追杀退守夏口的刘备。吞并荆州的曹操实力更强，而据守夏口的刘备经当阳之败势力更弱。

荆州七郡，六郡已归曹操，仅剩的江夏郡又被江东孙权强占大半，刘备、刘琦只剩夏口一隅之地。

强弱悬殊，如果不出意外，曹操会接着追。刘备会接着逃，浪迹天涯，不知归处。

但一个人的到来，给刘备带来了转机。肩负重大使命的江东使者鲁肃找到刚刚打了大败仗的刘备。

听说刘表病亡，孙权特派鲁肃前来吊唁，这就有点诡异了。因为不久之前，双方刚刚在江夏大战一场，刘表手下大将黄祖都被江东砍了脑袋。

孙权终于报了杀父之仇，然而他还想要更多。得寸进尺，得陇望蜀，都不足以形容孙权的贪欲。孙权早就想将荆州据为己有，这时他急于知道荆州的具体情况，这才派鲁肃来探探虚实。

刘备有诸葛亮这一位时代顶级战略家。

孙权身边也有鲁肃这个江东的战略家。

诸葛亮在隆中对策中很明确地提出了联合江东抗衡曹操的战略。稍早时候，鲁肃在江东也为孙权筹划了江东版的"隆中对"。

鲁肃是淮泗豪强，家里有房有地。眼见天下大乱，土财主鲁肃开始变卖家产招兵买马也拉起一支自己的队伍，成为拥有自己部曲的地方实力派。

而这时周瑜正在袁术手下当居巢县长，那时候几乎处处都缺粮。周瑜这个县长也快揭不开锅了，听说鲁肃是土豪，家里有的是粮，就抱着不管有枣没枣先打三杆子再说的心态，跑来找鲁肃借粮。

鲁肃家里有两囷粮食，他随手一指粮仓对周瑜说，你自己挑一囷。在那个到处闹饥荒的年代，粮食不仅是宝贵的战略物资更是财富，有时就算有钱都买不到的。鲁肃却白送，连眼睛都不眨。

仗义，太仗义了。从那时起，周瑜对自己说，鲁肃这个朋友，我这辈子交定了。

十多年后，周瑜已是东吴的大都督，临终前向孙权推荐自己的接班人，他推荐的就是鲁肃。要知道，后来他们俩在是否联合刘备"借荆州"的问题上是有冲突的，但周瑜依然力推鲁肃，这份友谊就是此时确立的。

出使荆州是鲁肃职业生涯腾飞的起点，不久之后，肩负相同使命的诸葛亮也因出使江东展露才华确立起自己在刘备集团不可撼动的地位。

而诸葛亮与鲁肃都是联合派，他们各自劝说自己的主公与对方联合，又亲自前往对方那里说服对方的主公采纳他们的策略。

正是诸葛亮与鲁肃的努力奔走游说才最终促成孙刘的联合，也才有之后的赤壁大战，进而形成中国历史上著名的三国鼎立。

虽说最后拍板确定联合的是刘备跟孙权，但诸葛亮与鲁肃在联合抗曹上的坚定立场与积极活动、全程跟进为孙刘联合的达成发挥了极其关键的作用。

诸葛亮与鲁肃成就了天下三分鼎足而立的形势，同时也成就了他们自己，确立了他们在各自阵营的主导地位。

鲁肃到江东数年，始终不得志，他的才华只得到孙权、周瑜少数人的认可，尚不为外人所知。现在就是他绽放光芒的时刻，脱颖而出，施展抱负，此正其时！

　　鲁肃从柴桑出发，一路西进。人在路上的鲁肃接连收到一连串令他震惊的消息，先是刘琮投降，后又听说刘备在当阳大败。鲁肃是要跟荆州的实际主政者谈合作的，刘琮那肯定是谈不成了。鲁肃敏锐地意识到，荆州的关键在刘备，他沿着刘备撤退的路线迎上去，果然遇见了刘备，当然还有诸葛亮。

　　鲁肃："豫州今欲何往？"

　　刘备："与苍梧太守吴巨有旧，欲往投之。"

　　苍梧在今天的广西，当时几乎是中国人认知的世界尽头。两广彼时尚未开发，直到唐代那里都是发配犯人的标准流放地。显然去苍梧不是好的选择。

　　去苍梧不过是刘备的敷衍之词。情势紧急，这时候也别客套了，鲁肃开门见山，说明来意。鲁肃说与其去苍梧，不如与我家主公联合抗曹。

　　刘备自然是喜出望外，联合抗曹，他求之不得。刘备已然没有退路，他跟曹操早已经撕破脸皮，谁投降，他都不可能投降。

　　趁着还有数万部众，与其继续没有希望地逃跑，不如拼尽全力，尽力一战。然而，刘备也清楚，仅凭自己现在的实力要战胜曹操，几乎是不可能的，必须寻找盟友。天下虽大，但刘备可以联合的也只有孙权。

鲁肃的到来让刘备看到了希望。刘备希望联合孙权，因为他没有选择。诸葛亮更不用说，在彻底打败曹操之前，必须联合孙权。现在就看孙权那边的意思了。鲁肃是孙权那边坚定的联合派，但他说的还不算。这事儿必须孙权拍板。

于是，诸葛亮对刘备说："事急矣，请奉命求救于孙将军。"

诸葛亮后来在《出师表》里写的，受任于败军之际，奉命于危难之间，说的就是此时的情形。当时的情况对刘备阵营来说的确已是万分危急。曹操随时可能顺江东下，但刘备不具备单独对抗曹操的实力。曹军如果在此时南下，刘备必定凶多吉少。

此刻千斤重担都压在出使江东的诸葛亮肩上。他背负着刘备的重托和刘备阵营的全部希望。

曹操轻取荆州六郡，令孙权感到前所未有的生存压力。孙权以弱冠之年即位为江东之主，功业名位皆不及父兄。他的正式官职不过一郡太守，名义上与他的许多部下平级，他又年纪轻轻，战功难以望其父兄项背。江东诸多文武从内心对孙权也多有轻慢，概而言之，孙权尚未取得一方之主所应有的威望。

此刻，又面临巨大的生存压力。偏偏这个时候，不甘寂寞的曹操又给孙权写来一封意味深长的信，信中说要来江东与孙权一起"打猎",重点是,他不是自己来,跟着他来的还有八十万水军,这是赤裸裸的威胁。

八十万当然是吹牛的,但即使打三折也有二十余万,这是当时的江东难以抗衡的。就算整个江东都动员起来也不过十万人。

曹操到底写没写这封信,存在争议。作为一个成熟的政治家,正常情况下是不应该写的,这等于下战表,向孙权宣战。

但曹操做事素来出人意料。他除了是政治家还是诗人。作为政治家,曹操还是比较成熟的,但作为诗人,他有时又特别喜欢浪漫。浪漫起来就真的很不靠谱了。

情况很可能是,得意之后忘形的曹操,又开始放飞自我。

曹操大军压境,孙权召集部下开会商议对策,会上文要和武要战。江东文官以张昭为代表主和,江东武将以周瑜为首主战。

投降派认为人家曹公名义上是汉相,动辄以朝廷为辞,我们出兵相拒,那就是对抗朝廷。

张昭等投降派先是从法理上陈述不可对抗中央,接着又从现实角度说明抵抗曹操不可行:将军可以抗拒曹操的,不过是长江之险。现如今曹操已得荆州,刘表水军蒙冲斗舰以千数,皆为曹操所有,长江之险已不存在。届时,曹军水陆俱进,如

049

何抵挡？

一时，投降派占据上风。会议开到中途，孙权借口上厕所，鲁肃悄悄跟了出来。

鲁肃告诉孙权，别听那些人忽悠，他们全都在为自己考虑。谁都可以投降包括我鲁肃，可是唯独您不能投降。我们投降可以从头再来，您投降去哪里呢！

事实上，孙权跟刘备处境相似，他们都没有退路可言。

孙权在鲁肃的建议下紧急召回在鄱阳湖练兵的周瑜。江东风向很快因为周瑜的回归发生逆转。

周瑜说曹操名为汉相，实为汉贼。周瑜给孙权鼓劲儿：将军以神武雄才，兼仗父兄之烈，割据江东，地方数千里，兵精足用，英雄乐业。北方之人不习水战，如今正值寒冬，战马缺乏草料，曹操所率中原士众来到南方，水土不服，必生疾病。这些都是用兵的大忌，曹操全都犯了。生擒曹操只在今日。请您看我破曹吧。

鲁肃给孙权算明白利害关系，不能投降。

周瑜给孙权算明白军事形势，我们能打赢曹操。

鲁肃坚定了孙权抵抗的决心。

周瑜坚定了孙权抵抗的信心。

但毕竟，曹操刚刚兼并荆州士众，本来实力就超过南方，这下更是如虎添翼。就算孙权想打，仍感势单力薄。孙权需要盟友的增援，最后坚定他的决心、树立他的信心。

接下来是刘备孙权两方都很期待的会面，诸葛亮作为刘备的代表会为孙权答疑解惑。

开场还是先讲形势。

"天下大乱，将军起兵据有江东，刘豫州亦收众汉南，与曹操并争天下。"（《三国志·诸葛亮传》）

首先明确主题，说天下大乱，您有江东，我们刘豫州实力也不俗，当今天下，能与曹操抗衡的只有我们两家。

"今操芟夷大难，略已平矣，遂破荆州，威震四海。英雄无所用武，故豫州遁逃至此。将军量力而处之：若能以吴、越之众与中国抗衡，不如早与之绝；若不能当，何不案兵束甲，北面而事之！今将军外托服从之名，而内怀犹豫之计，事急而不断，祸至无日矣！"（《三国志·诸葛亮传》）

然后简要说明情况，曹操已得荆州，我们也确实新遭败绩。形势就是这个形势。您估量您的实力要是能打就早点下决心。要是觉得打不过，不如早点去投降。现在您表面顺从，内心想抵抗却还犹豫，情势危急，还不能做决定，大祸就在眼前。

权曰："苟如君言，刘豫州何不遂事之乎？"（《三国志·诸葛亮传》）

孙权听了有点火大，明明是你们兵败势穷，来求我援助的，怎么搞得像我要走投无路求你们似的？

孙权心生不快，反唇相讥道："那你们刘豫州为何不投降呢？"嘿嘿，等的就是你这句话。诸葛亮之前的那番话是故意激孙权的。

诸葛亮何等聪明，他难道不知道他那番话的效果吗？当然知道。既然知道为何还要这么做？他是故意的。他也知道孙权被激怒后会反过来诘难刘备。一切都在诸葛亮的预料之中。孙权诘难，诸葛亮才好说接下来的话。

亮曰："田横，齐之壮士耳，犹守义不辱，况刘豫州王室之胄，英才盖世，众士慕仰，若水之归海，若事之不济，此乃天也，安能复为之下乎！"（《三国志·诸葛亮传》）

诸葛亮说，田横，不过是齐国的一个壮士，犹且守义不辱，何况我们刘豫州王室之后，英才盖世，有识之士纷纷归来，倘若事败，也是天意如此，怎么能投降曹操呢！

这又是激孙权，我们刘豫州是不会投降的。你孙权要是投降，还不如齐国的一个壮士。

精彩！

先讲明形势以化解刚刚战败的尴尬，直接将焦点从刘备转移到孙权。

孙权显然会被激怒，然后会反唇相讥。这正是诸葛亮要达到的效果。由孙权来反问，诸葛亮再义正辞严做出回答，表明刘备宁死不屈抵抗到底的决心，以此再次激孙权迫使其表明态度。

权勃然曰："吾不能举全吴之地，十万之众，受制于人。吾计决矣！非刘豫州莫可以当曹操者。"（《三国志·诸葛亮传》）

孙权果然入套，一步步按照诸葛亮画好的道走，真听话！

环环相扣，步步推进。

诸葛亮真是外交奇才！

"然豫州新败之后，安能抗此难乎？"（《三国志·诸葛亮传》）

接下来，又是关键问题，通过诸葛亮义正辞严的回答，孙权已经不怀疑刘备的立场决心，但又担忧刘备是不是具备联合的实力。别真打起来，就他老哥一个往前冲。

亮曰："豫州军虽败于长坂，今战士还者及关羽水军精甲万人，刘琦合江夏战士亦不下万人。"（《三国志·诸葛亮传》）

诸葛亮当然知道孙权的顾虑。接下来，就是表明实力，令孙权放心。

"曹操之众，远来疲弊，闻追豫州，轻骑一日一夜行三百余里，此所谓'强弩之末，势不能穿鲁缟'者也。故兵法忌之，

曰'必蹶上将军'。且北方之人，不习水战；又荆州之民附操者，逼兵势耳，非心服也。"(《三国志·诸葛亮传》)

曹军远道而来疲困已极，又不会水战。荆州士民迫于形势不是真心降曹。我们的胜算很大。

对孙权的疑问，诸葛亮早有准备，就算孙权不问，诸葛亮也要说。

诸葛亮告诉孙权：豫州军虽败于长阪，今战士还者及关羽水军精甲万人，刘琦合江夏战士亦不下万人。

首先讲明，我们有两万人，实力不容小觑。当然，这点人面对曹操几十万人还是有点少。对方人多势众，但是也有弱点。

接下来是诸葛亮对曹军的分析：

曹操的军队从北方远道而来，疲惫不堪。而且，他们大多是北方人不熟悉水战，这是以己之短攻敌之长。还有荆州士民的投降是被迫的，真打起来未必会出力。

说这么多，总结起来，对敌人说的都是缺点，说到自己讲的都是优势。这就对了，因为敌人的优势，我方的劣势，不用讲，大家心里都清楚。这时候更不能讲，现在是鼓劲儿的时候，任何泄气的话，长他人志气的话都不可以说。但更重要的是，诸葛亮所说的也都是实情，不由得孙权不信。诸葛亮帮助孙权下定最后的决心。

诸葛亮临危受命出使江东为的是明确一个重要的，也是孙权急需确定的事情，那就是孙权将不是一个人战斗，他有一个可靠的盟友会与他并肩战斗，这个盟友有实力有决心更有信心与他一起打败曹操，这个盟友必须而且只能是刘备。

"今将军诚能命猛将统兵数万，与豫州协规同力，破操军必矣。"（《三国志·诸葛亮传》）

有之前的这些铺垫，诸葛亮告诉孙权，只要我们双方联手，就一定能够战胜曹操。

"操军破，必北还，如此则荆、吴之势强，鼎足之形成矣。成败之机，在于今日。"（《三国志·诸葛亮传》）

最后，诸葛亮还指出了战胜之后的光明前景，描述了美好的未来。

话已经说得足够清楚，分析已经足够明晰。鲁肃、周瑜已经为他算好内部账，孙权担心的是外围，现在诸葛亮帮他算好外部账。

孙权本就不甘心投降，只是担心打不过，鲁肃、周瑜、诸葛亮帮他解开了所有的疑虑。孙权终于做出了他这一生最正确的决定，联合刘备，共抗曹操。

孙权在分别与鲁肃、周瑜、诸葛亮密谈之后，下定决心联刘抗曹。随后，孙权召集江东文武宣布决定表明态度：

"老贼打算废汉自立很久了！怕的不过是袁绍、袁术、吕布、刘表还有我！现在群雄都没了，就剩我了，我与这老贼势不两立！"

随后孙权拔出刀来，砍掉面前桌案一角，怒吼道："谁再敢说降曹，如同此桌！"

找你们来开会不是听你们意见的，而是通知你们我做的决定。

孙权砍书桌表明立场，要跟曹操开干。孙权在会上张嘴老贼闭嘴老贼，周瑜也是一口一个汉贼曹贼。

孙权这会儿要的就是造势。骂街不是给曹操听的，是做给自己人看的。趁着大家情绪高涨，周瑜当众表态，只要给我三万精兵，我就能打败曹操！孙权说，好，不愧是我江东的好儿郎！

孙权、周瑜在会上这出既是宣战也是战前的誓师动员大会。会后，只剩孙权、周瑜二人时，开始讲实在的了。周瑜说：曹操从北边带来的人有十五六万，又接收刘表的部众也能有七八万人，加在一起有十多万。

我刚才在会上喊得有点凶，最好还是给我拨五万精兵，虽然对方人多，但凭着咱熟悉水战和还是能搞定的。

周瑜敢要五万人肯定是算过账的，江东现在最大限度能抽调的兵力大概也就这么多。这点孙权、周瑜心里都有数。

但孙权的反应耐人寻味，他说五万人实在不好凑，我已经给你选好三万精兵，战船、粮食、攻战器具全都备好了，随时能走。孙权说公瑾你与程普、鲁肃先走，我在后面给你做后援。打得赢最好，打不过退回来，我亲自带兵跟老贼决一死战！

孙权这么说，说明早就做好了开战的准备。

计议已定，孙权任命周瑜为左都督、程普为右都督，领兵三万逆流而上，迎战曹操。鲁肃被任命为赞军校尉也就是参谋长，协助指挥，出谋划策。

自从诸葛亮走后，刘备就翘首期盼江东的援兵，天天派人在江边守候，望眼欲穿。

建安十三年（208）十月，屯兵樊口的刘备终于盼来了期盼已久的援兵。周瑜率兵三万溯流而上。

刘备听说江东援兵到了，大喜，赶紧派人带着礼物过去劳军，顺便请周都督来这边共商抗曹大计。

可是，性情高傲的周瑜却不给面子，表示大军初到，军中事务繁忙，自己实在抽不开身。

周瑜的这副嘴脸确实让人不舒服。身为江东之主的孙权官位也不过是讨逆将军、会稽太守。刘备可是朝廷的左将军、豫州牧，高出孙权不止一个档次。

周瑜摆谱，但刘备走南闯北这么多年，并未在意，反而主动来见周瑜，有求于人，不得不如此。这点委屈刘备能忍，大丈夫能屈能伸。

刘备见到周瑜一阵寒暄后，便问出了他最关心的那个问题，您带来多少兵？周瑜说，三万。

向来喜怒不形于色的刘备这次也难以掩饰失望的情绪，只说了两个字，恨少。当然，表面上，周瑜还是一脸淡定，故作从容地对刘备说，三万兵足矣，请刘豫州看我破曹吧。

建安十三年（208）十二月，曹操大军水陆并进顺江而下。

曹操兵分两路，一路大军从江陵出发乘船走水路，这路由曹操亲自带队，同时派都督护军领章陵太守赵俨率大将于禁、张辽、张郃、朱灵、李典、路招、冯楷七军从章陵南下走陆路与江陵的水军夹击夏口。

曹操的打算是自己率大军走水路吸引刘备的注意力，收拾刘备的水军，与此同时，陆军从北面南下，解决刘备的陆军。

但水路走的速度太快，陆军远远跟不上，结果赤壁之战都打完了，这支陆军还在路上。

曹操的这支精锐主力从头到尾都在赶路，也就是说曹操在赤壁参战的只有顺流而下的走水路的部队。

曹军的目的地是夏口城，此时周瑜的大本营正在夏口，面对兵力占优的曹军，只有三万人的周瑜并没有坐守夏口，他选择主动出击。

周瑜留兵一万守夏口，自己带两万主力出战，舰队前出至距夏口百里的赤壁江面，在这里与曹操水军在长江上遭遇。

曹操的前锋水军与周瑜水军在江上遭遇，打了一仗，曹军战败，兵退一百六十里在长江北岸的乌林扎下水陆营寨。周瑜则在南岸赤壁扎下水寨。两军隔江对峙。

这只是一场遭遇战，而且打仗的只是前锋部队，规模不大。不过，毕竟是场胜仗，多少能鼓舞一下士气。

远道而来的曹军水土不服果然发生疾疫，战斗力遭到极大削弱。先锋小胜也说明江东水军在打水战方面比曹军确有优势。

那些来自北方的曹兵，别说打水战，上了船站都站不稳，甚至晕船呕吐不止，再加上疾疫流行，这还怎么打仗？江东水军面对如此对手，不打胜仗反而不正常。

曹操对这些晕船的部下也很头痛，这时有人为他献计，将战船用铁链连起来，船就稳了，士兵站在上面就不容易晕船了。曹操派人实验，效果果然不错。曹操对献计之人大加赞赏，如果他知道铁锁连舟带来的可怕后果，估计他会找到这人然后将其大卸八块。

但这个向曹操献连环计的并不是人们常说的庞统，因为此时庞统还在周瑜手下。周瑜的另一个手下大将黄盖看见曹操将战船连起来，就找到周瑜说，虽然咱们水战很强，但对方毕竟人多势众，时间长了，对我军不利。我见曹军以铁锁连舟，不如用火攻，火烧曹军战船。

周瑜说这个我也想到了。可是，曹操用兵向来狡诈，水寨重地，他怎能没有防备？只有派人诈降，才有机会接近曹军水寨。

黄盖听了主动请缨，我去诈降。接下来，并未上演苦肉计。蒋干盗书也是子虚乌有。蒋干倒是确有其人，他也的确是奉曹操之命去江东企图游说周瑜，但那已经是赤壁之战以后的事儿了。

周瑜想赢曹操不需要打黄盖，他只要为黄盖准备几十只火船就够了。

黄盖写了一封降书派人过江送给曹操，并约定了投降的暗号，整个过程非常顺利。

南下以来，曹操受降已经形成习惯。在曹操看来，自己大兵压境，有人投降很正常，不来才不正常。

骗过了曹操，黄盖跟周瑜就开始忙了，忙着给曹操准备"礼物"，具体说就是十艘快船，每只船里装满柴草鱼油等易燃物，外面用帆布罩上，在船头插上事先约定的旗帜，一切准备就绪。

万事俱备，不借东风！

说起赤壁，很多人自然会想到"东风不与周郎便"，需要诸葛亮来"借"东风。此时是赤壁大战前夕，时间是十二月，冬天。

冬天最常见的是西北风，曹军在北岸，周瑜军在南岸。周瑜如果用火攻，西北风一吹，烧的就是周瑜自己，曹操也是这么想的，所以他才敢把战船拴在一起。

周瑜想用火攻有两个必须解决的难题。首先必须让曹军放松警惕，这个相对容易——用诈降。不然的话，到时候黄盖的火船还没接近曹军水寨就会被拦下来，最多烧掉几只巡逻船。这一点，黄盖做到了，曹操大意了。

接下来第二个难题是风向。西北风当然不行，但冬天刮风不是只有西北风，偶尔也刮刮东北风、东风。曹军营寨在西北，周瑜大营在东南，只要不刮西北风，不论是东南风还是西南风，就算是东北风都行，照样可以用火攻。

东南风是最理想的，那样的话，黄盖船队从东南岸出发向西北曹军水寨直开过去就行了，顺风。如果是东风或者东北风也差不多，即使刮的是西南风，船队受风向影响会发生偏移，也可以利用船帆调整航向。

当时，中国的航海技术已经十分了得，中国人早在战国时代就已经会用风帆调整航向航路。到了汉代，航行技术更先进，当时江东的水军已经装备了用卢头木制成的可以利用侧风的帆船，所以即使不刮东南风，黄盖的船队也可用帆调整航向利用侧风而不必请诸葛亮"借东风"。

黄盖投降的那天偏巧天随人愿刮起了东南风。黄盖船队在江心举帆，战船借助风力箭一般驶向北岸的乌林。

曹军因为事前知道黄盖要来，所以也没做防备。船上、岸上的曹军纷纷聚拢在岸边指指点点看热闹，等到船队距曹军水寨只有两里水路时，随着黄盖一声令下，各船同时点火，点燃的几十只船驶向曹军水寨。

曹军本是抱着看热闹的心情，看黄盖投降的，可热闹没看成，反而"引火烧身"。

由于曹军的战船大都用铁链连在一起，想跑也跑不了。一船着火很快就引燃周围的船只，加上东南风刮得紧，一时之间，风助火势，火借风威，漫天的大火迅速蔓延，熊熊烈焰吞噬了水寨，又烧着了陆寨。曹军的战船、营帐、仓库接二连三被烧着，船上、岸上的曹军有的往水里跳，有的向火势小的地方跑，惊慌失措四处乱窜。

周瑜见曹营火起，趁机发动总攻。

刘备也亲率部队登岸向乌林曹军进攻，痛扁溃不成军的曹兵。周瑜在火烧战船曹军大乱后，带兵趁乱出击，将曹军击溃。

孙刘联军在实际作战中是有分工的，周瑜军主要打的是水战，但赤壁之战不仅有水战还有陆战。陆战的主力就是刘备军了。

这应该是刘备征战一生中打得最爽的一次。曹军被大火烧得焦头烂额无心恋战，只顾撤退。刘备的主要工作就是追击。

被曹操追了大半辈子的刘备这次终于翻身了。

以前都是曹操追着刘备跑。风水轮流转，现在终于轮到刘备追着曹操跑了。

老曹，你也有今天！

曹军败局已定，剩下的船也开不回去了。曹操把脚一跺，干脆，咱也烧。于是，曹军也放火将剩下的战船付之一炬，宁可全部烧毁也不留给周瑜。

赤壁之战最大的一把火其实是曹操自己烧的。与曹操相比，周瑜、黄盖的那把火实在不算啥了。

曹操率部从华容道向江陵撤退，正好经过著名的沼泽地云梦泽。天气寒冷，道路泥泞，此刻的曹军要多狼狈有多狼狈，沼泽不好走，特别是对骑兵而言。

曹操下令让步兵割草填路为骑兵开道，步兵们很听话抱着草往路上铺，可骑兵很不地道，没等步兵铺好，就冲上来，结果很多步兵来不及躲闪被踩踏而亡。

曹操逃出华容道，死里逃生。

曹操就是曹操，打胜仗追得欢，打败仗跑得也快。

曹操被冬天里的一把火烧回北方，刘备跟孙权迎来了发展的新时代。

曹操在赤壁战败后，留折冲将军乐进守襄阳、征南将军曹仁坐镇江陵与横野将军徐晃一起守南郡，自己率主力撤回北方。

曹操走了，机会来了。

最先行动的是刘备。曹操刚走，刘备就开始抢地盘了。

赤壁战后，曹军都收缩到江北南郡一线，荆州江南的四郡曹操基本放弃了，他顾不过来了。

于是，刘备就来了。武陵、长沙、桂阳、零陵望风而降。刘备一路南下接收，几乎是兵不血刃就占领了四郡。刘备在江南轻松取胜，顺风顺水。

周瑜在江北则陷入苦战，与曹军的留守兵团打得不可开交。

南郡有两座大城，襄阳、江陵。襄阳控扼汉水，而江陵扼守长江，这两座城至关重要。

曹军以重兵驻守不想放弃，偏偏周瑜又志在必得，双方硬碰硬，打的是硬仗。周瑜算是啃上了硬骨头，他攻的是江陵，至于襄阳，他想攻也摸不着。得先打下江陵才有机会去襄阳。

然而，一个江陵已经够周瑜忙活了。他在赤壁靠的是偷袭外加火攻，又赶上曹军水土不服暴发瘟疫，才让周瑜轻松取胜，占了便宜。

周瑜再也没有赤壁之战的进兵神速，而是屯兵坚城之下整整一年之久。

在啃了一年城砖，再付出难以计数的钱粮后，加上主帅周瑜挂重彩的惨烈代价，终于将曹仁赶走，啃下江陵。

曹仁撤走其实还不是周瑜打跑的，而是缺粮守不下去了，因为他的粮道被人切断了。执行粮道破袭任务的是关羽的水军。

水军相比陆军的优势就是速度，机动迅速，抢完就跑，除非你有船，不然追不上。而曹军的船几乎在赤壁被烧得差不多了。而关羽是刘备军中最擅长打水战的，当然陆战更强。

关羽的部队水陆两栖，方式灵活，搞得曹军的粮食运不进去，从江陵向北的粮道被关羽封锁。江陵城里的库存粮食经过一年的消耗基本见底。

曹仁挺不住了，被迫撤走。与其说曹仁是被周瑜打跑的，不如说是被关羽逼走的更合适。

打下江陵，周瑜已经丢了半条命，再去打襄阳，另半条命估计也得搭进去。

不过，经过与曹军的正面硬磕后，周瑜也算认识到了他的真实水平，打陆战，他不是曹军的对手。曹操是很强的，上了岸根本打不过人家，那就只能退而求其次，周瑜的想法是全据长江，拿下荆州，再西进攻取益州，与曹操隔江南北对峙。

周瑜上书孙权，请求进兵益州，可是，报告送上去了，周瑜却在回去收拾行装的路上病死巴丘，临终前推荐他的好友鲁肃接替他的职位。

刘备在南郡南岸油江口立营，修筑新城取名公安，与长江北岸的江陵隔江相望。

不久，荆州刺史刘琦病死。部下拥立刘备为荆州牧，治所就设在公安城。刘备上表孙权为车骑将军、徐州牧。

仅仅一年多，刘备的实力今非昔比，占据荆州南部与曹操、孙权三家鼎足的格局初步形成。孙权出于巩固孙刘联盟的考虑，将自己的妹妹嫁给刘备，两家结成秦晋之好。

建安十五年（210），刘备亲自前往京口拜会大舅哥孙权，畅叙亲情。他此行的主要目的是"借荆州"。

刘备的"借荆州"其实是借南郡。荆州南岸四郡是刘备自己打下来的。荆州北面的襄阳、南阳在曹操手上，刘备就算想借，曹操也不会答应。孙权手里有的，刘备想借的只有江陵，半个南郡。借荆州实质是借江陵。

周瑜死后，接班的鲁肃与诸葛亮都是坚定的联合派。在鲁肃的劝说下，孙权也意识到以他现在的实力与曹操在长江一线全面对抗有点吃力，不如将江陵借给刘备，让刘备承担长江荆州部分的防守。

刘备如愿以偿借到江陵，才算真正掌控荆州大部。此时刘备的战略环境极好。北方曹操赤壁战后忙着搞定内部一直都很消停。东面鲁肃掌权，对刘备特好，鲁肃与周瑜对待刘备的态度简直就是两个极端。

运气来了，挡都挡不住的。

第四章

孔明入川

一、大军入蜀兵进益州

益州沃野千里，是天府之国。但蜀道艰险，关山重重。唐代大诗人李白的诗句说蜀道之难难于上青天。当时各路诸侯对割据益州的刘璋的评价是暗弱。这个是公认的，大家都认为这人能力很差，守不住地盘。

然而，事实是刘璋比刘表难打得多。这倒不是说刘璋的能力比刘表强，双方的实力其实不相上下，都是拥兵十万地方千里。

之所以说刘璋比刘表难打，在于刘璋占据地利。荆州水陆四通，交通便利，去哪里都方便，相应的别人打进来也容易。荆州是四战之地，易攻难守。益州是个大盆地，里面是平原，四面都是山。这个地形里面的人出去不方便，同理，外面的人想进去也不容易。

以刘备当时的兵力，在刘璋有防备的情况下，想凭实力硬打进去几乎是不可能的。而刘备要实现扩张增强实力，可以发展的方向只有西面的益州。

但是，越努力，越幸运！

这句话在刘备身上再次应验。你越强大，看到的笑脸就越多，你的机会也就越多。此时的刘备有声望，有实力。他缺的是机会。

很快，机会就主动送上门来了。

益州刘璋居然主动邀请刘备去蜀地。刘璋请刘备入川也是事出有因。汉中张鲁原本是刘璋的父亲刘焉一手扶植起来的，但刘璋上台后，张鲁不买账。

刘璋稳住局势后，向全川发布政教令，只有汉中不予理会。

张鲁公然不给刘璋面子，让刘璋下不了台。站在刘璋的角度，必须收拾张鲁，维护领导权威。不然，以后谁还听刘璋的，刘璋又如何服众？刘璋让张鲁认错，张鲁不理。刘璋大怒，将张鲁留在蜀中的家人全部斩杀，双方就此彻底翻脸。

刘璋派兵进攻张鲁，打起来发现，打不动。于是，双方形成对峙。曹操南下轻取荆州，受到震动的不只江东的孙权，还有益州的刘璋。

兔死狐悲，物伤其类。

刘璋受到震动是很正常的。取得荆州的曹操不仅可以顺流而下取江东，也可以逆流而上攻益州。于是，刘璋派人带着礼品赶紧去向曹操示好，他派的这个人名叫张松。

益州别驾张松千里迢迢来到荆州带着满满的诚意来见曹操。可令张松想不到的是，他的热脸却贴了曹操的冷屁股。

　　这时的曹操刚刚取得荆州大败刘备，正处于自我陶醉之中，压根没把远道而来的益州代表张松放在眼里，对张松十分怠慢。

　　曹操的傲慢彻底得罪了张松。回到蜀地的张松自然不会对刘璋讲曹操的好话。这时正好传来消息，刘备、周瑜在赤壁大败曹操。张松听后就力劝刘璋与其巴结那个指望不上傲慢自大的曹操，不如结好宽厚仁德的刘备。再说，刘备跟您同为宗室，还是自家人。曹操远在北方，缓急不相救，刘备近在荆州，可为外援。刘璋深以为然。

　　刘璋随即派法正去荆州联络刘备。而这个法正是张松的好友，但法正的仕途远不如张松，混迹官场多年也不过是个军议校尉。张松与法正常常私下议论，都认为刘璋不是有为之主。

　　张松从荆州回来就劝刘璋结好刘备。刘璋说派谁去合适。张松力荐好友法正。

　　法正起初还不愿意，等来到荆州见到刘备，两人谈得十分投机，大有相见恨晚之感。法正来的时候不情愿，回去的时候却喜形于色。

　　刘璋随后又派法正、孟达领兵四千去荆州帮刘备守城。将欲取之，必先予之。刘璋很懂这个道理。法正回去向刘璋复命，孟达带兵留在江陵。这个孟达与法正也是好友，还是老乡，孟达跟法正都是关中人。刘璋的主力部队是东州兵，而东州兵的主体就是由关中人跟荆州人组成的。领兵的将领是东州人，兵是东州兵，这些都是刘璋的基本盘。

但就是这些刘璋认为的嫡系却选择抛弃他，投奔新主。张松、法正心向刘备，刘备也对益州心向往之。

两年后，终于等来机会。这个机会还是曹操给的。曹操给刘备送上的助攻是西征张鲁。要去汉中必经关中，名义上是打张鲁，实则是要打马超、韩遂。

但刘璋比较实在，听说曹操要取汉中，顿时紧张起来。汉中之后就是蜀地。得陇望蜀，人之常情。曹操要是占了汉中，早晚会对蜀地下手。

而刘璋此时还跟张鲁对峙着，更让他闹心的是，蜀中众将也不听话，很多人对他的命令执行起来都不积极。刘璋想起了刘备。

刘备可以对付张鲁、曹操。只要请刘备来，不论是令他恶心的张鲁，还是让他畏惧的曹操，就都不是问题了。

请刘备来可以解决张鲁，解决当前的问题。请刘备来还可以在不久的将来挡住曹操，解决今后的问题。

与刘璋有相同看法的还有他的别驾张松。在请刘备入川这件事上，他俩可谓是"不谋而合""心有灵犀"。

张松最能打动刘璋的是下面的话：现在川中大将如庞羲、

李异都有异心，请刘豫州来，可以威慑这些人，不然外有强敌内有反侧，益州您还坐得稳吗？刘璋说，请刘豫州入川，就这么定了！

刘璋随后就让法正去荆州请刘备。听说刘璋要请刘备入蜀，刘璋的众多部下纷纷表示反对。主簿黄权对刘璋说得很明白，左将军素有骁勇之名，您把他请来，怎么对待呢？以部下相待，刘备不会同意吧。以宾客相待，一国不容二主。客人要是待得安稳了，那么主人就很危险。

但是，刘璋不听。请刘备入川对刘璋而言，有利有弊。有利的一面之前说过了，对外可以收复汉中抵御外敌，对内可以威慑反对派。不利的一面黄权说了，刘备这个人不简单，你刘璋是指挥不动的。

刘备帮陶谦守徐州，守着守着徐州就变成刘备的了。刘备后来又投奔刘表，帮刘表守荆州。如今的荆州牧是谁呢？刘备。看看刘备的历史，你还敢请刘备入蜀！这些是黄权的言外之意。

刘璋不是听不懂而是他只看到利却忽视了弊。刘璋认为他有能力控制局面，原因在于，他有实力。刘备兵马数万，但要留兵守荆州，能抽调入川的不过两三万人，而刘璋的兵力有八九万，是刘备的三倍。更重要的是，刘备入川是客军，军资供应全靠他刘璋。兵力三倍于刘备，又占据主场掌控后勤。刘璋觉得有这些优势，他不用担心黄权所说的情况。

但他忽视了刘备的能力以及魅力，刘备到一地之后很快便能融入当地，将客场变成主场。这个只要看看徐州、荆州的情况便很清楚了。刘璋正是未看清这个问题最后才被扫地出门。

在被赶出益州之前，刘璋先把黄权赶出成都，打发到广汉当县长。

这边黄权在做刘璋的思想工作。

那边法正也在做刘备的思想工作。

法正又来到荆州再次见到令他心仪的主公刘备，便直奔主题劝刘备因刘璋之请取益州。法正说以将军您的英明，以刘璋的暗弱，又有张松为内应，取益州易如反掌。

但面对如此巨大的诱惑，刘备却犹豫了。益州，水旱从人不知饥馑，天府之国。刘备当然做梦都想得到。但人家请你去帮忙，你趁机夺人家的地盘，这个在道义上理亏。

刘备向来以仁德宽厚的君子形象为天下所知。

现在做这种事情，刘备要面对的是内心的激烈斗争。益州，刘备想要；名声，刘备也想要。鱼与熊掌，刘备想兼得，可是，现实告诉他，两者之中，他只能选一个。刘备很纠结，不知如何做选择，这才犹豫。但有人为刘备解开了这个心结。这人不是法正，他是刘备在荆州新近得到的军师——庞统，庞士元。

赤壁战后，荆州士人归附刘备确如水之归海。庞统也在这时投奔了刘备。庞统是荆州襄阳人。他与诸葛亮的朋友圈也有交集，那就是共同的好友司马徽。

荆州知名品评专家司马徽称庞统为南州士之冠冕，南方士人里面的顶尖人才！这个评价相当高。《三国演义》里说诸葛亮是卧龙，庞统是凤雏。

庞统的名望才干仅次于诸葛亮。不过，起初，庞统并未引起刘备的注意。刘备就按对待普通士人给庞统分配工作，他给庞统的官职是耒阳县令。庞统呢，明显感觉自己被大才小用，不好好干，政绩考核不合格，被直接免官。

庞统此前在周瑜领南郡太守时做过周瑜的功曹，与江东士人也有接触，有一定的知名度。听说庞统被撤职，鲁肃就写信给刘备，说庞统非百里之才（当时普通的县辖区大约方圆百里），您让他当治中、别驾这类显官，其实也只是能让他稍稍发挥才能。诸葛亮得知此事，也向刘备推荐庞统。

经过赤壁之战，刘备对内最尊重的就是诸葛亮，对外最尊重的就是鲁肃。这两个人在刘备心中的分量可不是一般的重。

刘备见这两个人都向自己推荐庞统，这才重视起庞统，亲自召见，与之谈论，发现庞统果然不同凡响，于是，庞统与诸葛亮并为军师中郎将。庞统所受的礼遇仅次于诸葛亮。

同为军师中郎将，诸葛亮出使江东，促成孙刘联盟，为刘备阵营立下大功。出使江东成功说服孙权联合抗曹才是诸葛亮初出茅庐的第一功。赤壁之战彻底改变了刘备的命运，诸葛亮也确立起在刘备阵营的地位！

庞统归附刘备较晚，尚未立功。法正的到来，让庞统意识到立功的时候到了。

诸葛亮是全才，但大家公认诸葛亮的治国之才是排第一的，军事才干排在第二。而诸葛亮为人正派，搞阴谋诡计，不适合他。

刘备知道这一点，所以但凡做这类谋划，他都是找庞统。不是说庞统品格不好，而是他更擅长奇谋。法正的风格与庞统很相似，刘备带兵打仗总是带着他俩。刘备入川带的是庞统。后来，刘备征汉中带的是法正，那时庞统已经战死了。

两次重要的征战，诸葛亮都是留守后方，主持国政。这不是诸葛亮不重要，恰恰正是刘备会用人的表现，用人之长。

庞统对刘备说，荆州北有曹操，东有孙权，我们所有的荆南四郡又贫瘠落后，难以得志。益州户口百万，富庶繁华，据有益州才能成就大业。

庞统把话都说到这份儿上了，刘备也不得不说心里话。刘备说与我势同水火的仇敌是曹操。曹操残暴，我行仁义；曹操诡诈，我行忠厚。反其道而行之，事乃可成。

刘备靠的是仁义宽厚。曹操在徐州搞大屠杀，刘备则在徐州危难之际，挺身而出领兵救援，赢得徐州人心。

赤壁战后，刘备成为荆州之主是人心所向。但这次入蜀要违背他的初心了。

庞统说，刘璋肯定守不住益州，您不动手，早晚被别人抢先。与其被别人抢走，还不如我们得到。到时，我们优待他也就是了。这话虽然有点强盗逻辑，但也是事实，这是乱世，不是以德服人的时代。

刘备反复权衡后终于下定决心。建安十六年（211）冬，刘备率军数万应刘璋之邀入蜀。

不过，这次出兵，刘备并未带他的骨干老班底，诸葛亮、关羽、张飞、赵云全部留守。

刘备带去益州的是清一色的荆州班底，军师是荆州襄阳人庞统，大将是荆州南阳人原长沙守将黄忠、新提拔起来的勇将荆州义阳人魏延。

刘备带的老班底不论是关羽、张飞，还是诸葛亮、赵云，都是同生死共患难，经受过考验的嫡系心腹。关羽、张飞都是万人敌的大将，多年追随刘备左右，不离不弃，生死相随。

诸葛亮出使江东，赵云长坂坡救主。他们守荆州，刘备才放心。但老班底人数有限，刘备知道他未来的基本盘是荆州班底，好班子是历练出来的，现在就是好机会。

刘备率军沿江西上，进入益州后，因为有刘璋的交代，沿途受到热情款待，军资粮饷供应得特别到位，用史书上的话说叫入境如归，就跟回到自己家似的。

刘璋听说刘备来了，亲率步骑三万从成都出发前往迎接。

刘璋所带的车乘帐幔极尽奢华，精光曜日。刘璋是在炫富也是在炫耀实力，这是给刘备看的，也是给川中众将看的。两军在涪城相会。张松让法正带话给刘备，就在会上动手，干掉刘璋。这是劝刘备摆鸿门宴呀！庞统对此议也颇为赞同，劝刘备就在宴席上杀掉刘璋。一顿饭解决一个州，多好！

面对诱惑，刘备却未同意。姜还是老的辣。刘备心里很清楚，在宴会上杀掉刘璋或许不难，但恶名也留下了。现在看，可能会快速夺取益州，但未来的成本可就大了。刘备最在意的是人心。

虽然来的时候就是奔着益州来的，但刘备也想要师出有名，就算开战，也要找个合适的理由，哪怕是个很勉强的理由。

纵横江湖二十年，刘备阅尽世事，深懂人心，庞统、张松哪里比得上。刘备深知此事不可操之过急，欲速则不达，夺取益州，还要从长计议。

于是，刘备跟刘璋兄弟俩坐在一起畅叙"兄弟之情"。会上，哥儿俩开始互捧，刘璋上表推举刘备代理大司马领司隶校尉，刘备推举刘璋代理镇西大将军领益州牧。

刘备、刘璋各自部下数万人也欢聚畅饮，鸿门宴未办成，真的开成了联欢会。这场数万人的大型联欢会一直开了很多天才结束。

为表诚意，刘璋又给了刘备许多军资，再拨一万士兵，刘备军扩充至三万人。宴席散去，刘璋南下回成都，刘备北上去葭萌。

葭萌关是入蜀的第二道门户，第一道为白水关。自关中、汉中南下都要经过白水关。白水关也称"关头"，是益州北面门户，与东面门户白帝城共称"益州祸福之门"。

刘璋并未将至关重要的白水关交给刘备。驻守在那里的是刘璋的心腹杨怀、高沛。北上支援，南下威慑。这就是刘璋给刘备安排的工作。可是，刘璋的买卖亏了。刘备刚来，曹操就走了。

刘备在葭萌关一待就是一年，啥正事也没干，光顾着搞形象工程了。一年下来，刘备还沉得住气，庞统却坐不住了。庞统说，咱得行动啦，总在这儿待着也不是长久之计。

我有上中下三策请主公定夺。挑选精兵昼夜兼程奔袭成都，趁刘璋不备，成都一战可下，此上策也。听说杨怀、高沛多次向刘璋建言打发主公回荆州。主公可将计就计，就说荆州告急，要整治行装回救荆州，二人听说您要告归，必然心喜，不做防备，可趁其前来饯行之际，将其擒获，收编白水军，然后举兵南向，此为中策。兵退白帝，退回荆州，等待时机，此乃下策。如果犹豫不决，我军早晚要困于此地。

刘备说上策有点冒险，下策过于消极，就此退兵，岂不是前功尽弃？思来想去，只有中策最为稳当。

曹操自从赤壁之战之后，就不怎么理会刘备了，转而专打孙权。曹操与孙权在淮河开打，倒给了刘备一个借口。孙权被曹操打得节节败退，前线吃紧，写信给刘备，赶紧来拉兄弟一把。孙权喊刘备增援，刘备便以此为由管刘璋借兵说要去救孙权。

刘备也不客气，上来就要借一万兵还有相应的军资粮饷。刘备对刘璋说，张鲁是自守之贼，这人不足为虑。但我跟孙权的关系是唇亡齿寒，关羽兵少，要是不去救援，曹操必侵荆州，危害大于张鲁。

但刘璋也不傻，这一年来，刘备一仗未打，光顾着收买人心了。刘璋心里已经起疑，只答应借兵四千，其余军资也给打了对折。刘备需要的只是起兵的理由，现在理由有了。

　　开战之前，先请吃饭。刘备派人请白水关守将杨怀、高沛来吃饭，说我们就要回荆州了，在此一年多，多有打扰，临行前咱吃顿饭吧。这两人听说有饭局，屁颠屁颠就来了，来了之后就是传统套路，酒席宴间，摔杯为号，刀斧手齐出，将二人擒获。一年前未办成的鸿门宴，现在补上了。

　　刘备将杨怀、高沛一顿训斥，然后拉出去砍头，接着，刘备带兵接管白水关，收编了白水军。

　　且说成都的张松听传言说刘备要走，信以为真，急忙写信给刘备，说眼看大事就要成了，怎么这时候要走呢？张松的哥哥张肃知道了张松的密谋，他也以为刘备真的要走，赶紧向刘璋告发张松，既为立功也为自保。

　　刘璋这才知道，自己被张松、法正给卖了，不禁大发雷霆，将张松砍了。这时候又传来刘备占领白水关的消息，这哥儿俩算是彻底翻脸了。

　　刘备行动迅速，还未等刘璋反应过来，已经迅速南下，进占涪城。要么不动手，动起手来比谁都快。

　　刘璋手下一个叫郑度的谋士给他出主意，刘备远道而来，缺乏辎重。刘备虽然能打，但咱可以不跟他打，坚壁清野，将民众迁走，带不走的统统烧掉。咱们固守不出，刘备得不到粮饷补给，撑不了多久，到那时，再出战不迟。

这招不可谓不狠。

刘璋对刘备有两大优势，一是兵力占优；二是占据主场之利补给方便。但刘璋有个弱点，就是心太软。坚壁清野，迁民，必然造成骚动。刘璋舍不得烧，还是跟刘备打正规战吧。

可是，正规战，刘璋是真的打不过刘备。刘璋知道事到如今也只有开打了。刘璋将他手下能打的将领都派出去了。川将张任、刘璝、冷苞、吴懿率主力北上迎战刘备。然而，这些人不是刘备的对手，被杀得大败。张任等人退保绵竹，吴懿直接投降了刘备。

刘璋又派李严、费观领兵增援都督绵竹众军。结果，李严、费观也投降了刘备。

刘备军越战越强，来投奔的人一拨接着一拨。此消彼长，刘璋军则是越打人越少，实力越来越弱。开始，刘璋军还能主动出击与刘备军野战，打到后来，主力基本都投降了，只能退守城池，固守待援。

刘备兵围雒城，刘璋手下大将张任出城迎战，败死雁桥。刘璋的儿子刘循再不敢出战，固守不出。

刘备南下以来高歌猛进的势头在雒城停住了。面对必须攻克的坚城，只能强攻。然而，冷兵器时代，城池并不好攻。刘备军在雒城围攻一年，久攻不下，这还不是最糟的。屯兵坚城之外，庞统心里比刘备更急，情急之下，庞统亲临前线指挥，却不幸被箭矢射中身亡。

庞统阵亡，刘备如折臂膀。刘备的顶级谋士只有三人，诸葛亮、庞统、法正。而诸葛亮在刘备时代很少参与军事谋划，庞统、法正才是常年追随在刘备左右出谋划策的军师。这两人风格近似，所以，陈寿写《三国志》才将二人合为一传。

刘备取蜀，功劳最大的是庞统。

刘备取汉中，功劳最大的是法正。

刘备正是在庞统、法正两位军师的辅佐下，走上人生巅峰。然而，两位智谋之士死得都很早，随着他们的死，刘备的上升之势也就此止步，走向衰落。

庞统的死对人才本就不多的刘备是难以估量的损失。刘备与庞统相处的时间并不长，但君臣感情却很深。刘备跟庞统性情相投，却不料生死两别。

刘备不得不写信给留守荆州的诸葛亮，请后者赶紧带兵增援。

诸葛亮留关羽守荆州，自己与赵云、张飞领兵西进增援刘备。他们率军溯江而上，入蜀后，兵分三路。诸葛亮与赵云、张飞各领一军，分兵略地。

荆州援军还在攻击前进，刘备这边终于攻破雒城，进围成都。

建安十九年（214），刘备、诸葛亮、张飞，各路大军会师成都。

此时，益州三分之二已归刘备。刘璋困守成都孤城，不会再有人来救他。成都城中尚有精兵三万，粮食布帛至少还能支撑一年，官吏百姓都愿意跟刘备死磕到底。

刘备大军围城数十日后，城北又来了一支人马，为首大将正是盛名在外威震西北的马超。

马超在潼关跟曹操开战，却直接把他留在邺城的老爹马腾及一家人给坑了。虽然马超在潼关战败，曹操也未动马腾一家。回到邺城的曹操还想招降马超，可是，马超带着他的羌胡兵跟留守关中的夏侯渊接着打，丝毫没有投降的意思。曹操于是杀了马超在邺城的家人，但这里面不包括马超的妻子。

曹操击溃关中众匪引军东还，凉州士人杨阜对曹操说：马超有吕布之勇，又得羌胡之心。大军东归，陇右恐非国家所有。您走了，西北就乱了。马超必定危害国家。但曹操急着回去封公建国，不予理会。

曹操走后，西北果然乱了。只有曹操能压制马超。夏侯渊的势力范围在关中，陇右不在他的控制区，那是马超跟他的羌胡兵的地盘。马超所到之处羌胡群起响应，整个陇右几乎都被马超占领，只有凉州刺史韦康所在的冀城还在坚守。

冀城被围攻八个月，却不见一个援兵。八个月后，失望的韦康开门投降，但马超进城就将刺史、太守给杀了。被马超虐杀的凉州刺史韦康的故吏杨阜、姜叙、梁宽、赵衢等要杀马超为故主报仇。

杨阜、姜叙先在卤城起事，马超带兵讨伐，攻城不下，回到冀城却发现城门紧闭。梁宽、赵衢据守冀城，将马超的妻子儿女当着马超的面，全部斩杀。马超差点哭晕，想攻城却力不从心。马超众叛亲离，只得去汉中投奔张鲁。

马超到汉中向张鲁借兵打算反攻凉州。张鲁知道马超能打，就想把闺女嫁给他，套住这员大将。但大家都劝张鲁，说马超连亲爹的死活都不管，他连自己的亲人都不爱，怎么会在意您的女儿。张鲁这才作罢。

马超在汉中用部曲做抵押（庞德等被留在汉中），换取粮草兵马去打祁山。陇右告急，夏侯渊派张郃率步骑五千先走，他率大队随后跟进。

马超屡战屡败，他手下的羌胡兵也大失所望，跟着马超能抢到的东西越来越少。马超带着数千羌胡兵来战张郃，一触即溃。

马超兵败于外，张鲁部下杨昂等诋毁于内，马超在陇右、汉中混不下去了。马超手下的羌胡兵也早就逃散，已成光杆司令的他听说刘备正围攻成都，南下来投刘备。

马超已然众叛亲离，但名气还在，知名度还是有的。对刘备来说，马超还有利用价值。马超还未到，刘备就派人迎上去了。来人让他先等等，先别急着去成都，先"化妆"，不光他化妆，刘备又给马超配备不少军队，从马超到士兵，这些人都是羌胡打扮。全军化好妆，才开到成都城下阅兵。

马超率领"羌胡兵"屯于城北，这支部队的出现成为压垮刘璋的最后一根稻草。连马超都投降刘备了，看来成都是守不住了。

刘备派简雍进城劝降，尽管很多人还想抵抗，但刘璋心里明白大势已去。就算再守一年又如何，成都已是孤城，与其徒增伤亡，不如早降。刘璋对部下们说，我父子在州二十余年，对百姓没有恩德，攻战三年，军民死于兵火者难以计数，这都是因为我的缘故，何心能安。刘璋下令开城投降。刘备对刘璋也很优待，并未为难他。

建安十九年（214）夏，刘备率军进入成都。七年前，诸葛亮在"隆中对"里提出跨有荆、益的战略目标，七年后成为现实。刘备也是很大方的，大功告成之后便是论功行赏，军师中郎将诸葛亮晋升为军师将军。

二、汉中之战刘备称王

建安二十年（215）三月，曹操再次披挂出征。这次，曹操的目标是汉中的张鲁。之所以去汉中，全是因为刘备。赤壁之战后最大的赢家此时已经十分明晰，就是刘备。

曹操就不用说了，赤壁一把火直接将他烧回北方，从此告别南方。孙权也觉得自己亏了。赤壁一场大战打下来，耗费兵马钱粮，几乎把家底都拿出来了，仗也打赢了，可是战前战后一对比，发现地盘并未扩大多少，荆南四郡归了刘备，南阳、襄阳被曹操占着，好不容易打下的江陵又借出去了，忙活半天，捞到的实惠却不多。地盘还是原来那些地盘，占的半个江夏那还是赤壁之战前的战果。

大赢家是刘备，战前兵败而来，只有一个夏口，还是刘琦的，兵马只有两万，还有一半也是刘琦的。赤壁大战，刘备确实很卖力气，但也只是助攻，可是，战后大部分战果却归了刘备。

刘备取得益州的消息传来，曹操、孙权几乎同时意识到，刘备坐大了。

这些年，曹操、孙权变化不大，变化最大的是刘备。不经意间，刘备已经从困守荆州一隅发展到据有荆、益二州。势头之强劲，令曹操、孙权为之侧目。曹操、孙权几乎是同时动手，对刘备采取行动，因为刘备的迅速崛起已经实实在在威胁到了两人。

先找上门的是孙权。听说刘备得了益州，孙权马上派诸葛瑾去益州找刘备讨还荆州。刘备也不说不还，只是说，我目前正在筹划夺取凉州，等我打下凉州就还，你回去吧。

诸葛瑾回来禀告，孙权一听就火了。这不是明摆着不想还吗！你以为我是好忽悠的！孙权干脆直接任命长沙、桂阳、零陵三郡的郡守属吏，你不还，我自己动手，直接接管。

可是，镇守荆州的关羽也不是好惹的。关羽的反应也很干脆，直接将人赶走，你们哪来的回哪去，全滚蛋。孙权派出去的人，去得快，回来得也快，让人全给轰出来了。

孙权也怒了。既然文的不管用，那就直接动武吧。孙权派大将吕蒙带兵两万攻取三郡。

这是一个危险的信号。孙权为夺荆州，已经准备与刘备开战。孙刘联盟因荆州之争事实上已经不复存在，双方已处于战争边缘。

孙权之所以不派鲁肃而派吕蒙，是因为吕蒙是周瑜路线的执行者。吕蒙进兵异乎寻常的顺利。关羽的留守军队本来就不多，此时还集中于江陵、公安的沿江一线。荆南四郡兵力很少，吕蒙率两万兵开到，长沙、桂阳望风归降，只有零陵尚未得手。

此时，双方都在进行战前总动员。刘备听说孙权对荆州动手，亲自带兵五万出川，沿江而下，救援荆州。刘备大军进驻公安，派关羽领兵为先锋，向前推进。

孙权也亲临陆口，派鲁肃领兵为前锋，与关羽对峙于益阳。

关羽、鲁肃在前方对峙，刘备、孙权在后方指挥。双方剑拔弩张，大战一触即发。

但这场仗并未打起来，因为鲁肃是联合派，他不想打。如果换成周瑜或是吕蒙，早就开战了。双方的决裂会提前发生，不用等到四年后吕蒙上演白衣渡江的一幕。

关羽常年在荆州，对"江东鼠辈"的心思自然十分清楚。他也知道江东只有鲁肃可以信任值得尊重，换成周瑜、吕蒙，估计关羽也不会客气，早就直接开砍了。

尽管气氛极其紧张，但关羽、鲁肃双方对彼此还是有信任的。为缓和紧张气氛，鲁肃提议与关羽在军前会谈。

双方约好时间，两军相距百步，关羽与鲁肃各带数名随从，就在两军阵前，当着双方将士的面进行交涉，此即单刀赴会。单刀赴会的不只关羽，还有鲁肃。

双方各说各的理，但其实，他们也谈不出结果，原因很简单呀，他们说的不算。他们后面的刘备、孙权才是拍板的。但关羽、鲁肃的军前会谈，作用还是积极的，缓和了剑拔弩张的氛围。

就在孙刘荆州对峙互不相让之时，汉中传来重磅消息，曹操占领汉中，张鲁投降。益州的北面门户汉中归曹操了。这意味着，只要曹操有兴致，随时可以南下。当然，因为粮草转运艰难，曹操已经打不动了。但刘备并不知情。

刘备十分清楚曹操攻占汉中的后果。两面都有情况，以刘备现在的实力是不允许两线作战的。

刘备急于回川，只能选择妥协。尽管十分不情愿，但形势逼人，刘备被迫做出让步，与孙权会谈平分荆州，双方以湘水为界，湘水以西的武陵、零陵归刘备，湘水以东的长沙、桂阳归孙权。

对这个结果，双方都能接受但都不是很满意。这就为四年后的反目决裂埋下了隐患。之所以能达成协议，原因在于双方都很忙，刘备要去汉中，孙权要去合肥。于是，分割荆州后，刘备、孙权各奔东西。

刘备心急火燎地往回赶，可是，紧赶慢赶，他还是回来晚了。曹操这边连投降仪式都搞完了。曹操不仅占地，还习惯性地搞移民，将汉中的数万百姓都迁走了。曹操这招真是损透了。

战乱年代，国家控制下的编户齐民急剧减少。那个时候人口不是包袱而是财富，有人才有耕地有粮食，有人才有赋税有兵源。曹操很可能预见到他守不住汉中。

刘备既然已经得了益州，肯定要来争汉中。蜀地与汉中是唇亡齿寒的关系。

汉中是益州的门户，刘备不会容忍自己的门户被曹操占着，早晚必来争汉中。曹操不是不想要汉中，而是他要守住汉中很难。因为汉中与关中隔着秦岭，从关中到汉中要翻山越岭，路不仅远还难走。

仅以汉中的体量难以支撑大兵团长期作战，从关中转运粮草，短期还行，长期也撑不住。曹操留下夏侯渊、张郃守汉中，就匆匆班师回去了。

上次，曹操打马超就是半途而返，回去后就封公建国。这次急急回去，还是为了"评职称"，魏公已经不能满足曹操，他要当王。

建安二十一年（216）二月，曹操返回大本营邺城。

三个月后，曹操晋封魏王。曹操已经是六十的人了，耳顺之年的他知道自己想要的是啥。换在十年前，他肯定会毫不犹豫地打进蜀地，他肯定不会反用得陇望蜀的典故，但现在他确实老了。此时，他考虑更多的已经不是开疆拓土，而是稳固已得的利益。

汉中，刘备肯定是要打的。

可是，还未等刘备动手，想立功的张郃就先下手了，带兵南下进攻巴地。益州也称巴蜀，包括以成都为中心的蜀，还有以江州为中心的巴。当时巴地分为巴郡、巴西郡、巴东郡三郡。张郃带兵就奔着三巴去了。此时，刘备的地盘主要分成三部分，蜀地、巴地、荆州三郡。

刘备、关羽、张飞，兄弟三人分守一方。刘备坐镇成都，张飞镇守三巴，关羽留守荆州三郡。

张郃碰上的就是张飞。

张飞岂是好惹的！

当年当阳桥头以二十骑喝退曹兵的熊虎之将张飞，如今更是兵强马壮，如何会把张郃放在眼里。他决定在自己的地盘给张郃好好"上一课"。

张飞领兵在宕渠堵住张郃，双方大战数十日，张飞在正面挡住张郃的同时，派出一支奇兵绕到张郃军背后发起进攻，张郃的部队挤在狭长的山间谷道，被张飞军前后夹击，很快便溃不成军。

张郃自从归附曹操，常为军锋，东征西讨，屡战屡胜，是有名的常胜将军，然而遇到张飞，瞬间就被打回原形。

建安二十二年（217），刘备开始反攻，兵进汉中。他不会想到，取蜀用了三年，争汉中也用了三年。

刘备的军师法正对他说，曹操一举定汉中，不因势取蜀，不是他想不到而是力不从心。曹操留在汉中的夏侯渊、张郃，他们的能力不如我们的将帅。

建安二十三年（218）四月，刘备亲率大军来争汉中。刘备军进至阳平关，与夏侯渊军形成对峙之势。

刘备这辈子，视为强敌的只有曹操，别人他是不放在眼里的。但打起仗来，他才发现这个夏侯渊跟张郃确实不好对付。难怪曹操会派这俩人来汉中。夏侯渊在曹操的曹氏、夏侯氏自家人里能力是可以排进前三的。

张郃就更不用说了。曹魏版五虎上将之首，从官渡之战登场，至今已经驰骋沙场二十年。曹操打的所有重要战役，几乎都能看到他的身影。夏侯渊与张郃可以说是目前曹操阵营里的最强组合。

当然，刘备也是倾尽全力，精兵强将悉数上阵，能打的能调动的几乎都来了。

刘备的仗打得很不顺。原因在于曹军的布阵很有水平。夏侯渊屯兵阳平关，但张郃在广石，他俩并不在一块儿。

刘备要打阳平关的夏侯渊，广石的张郃就会出来牵制。张郃的存在着实让刘备烦恼。不干掉张郃，就不能全力进攻阳平关。那就只能先干掉张郃，再去打夏侯渊。可是，张郃打不动。这个张郃只能留给诸葛亮十二年后去解决。

刘备只好分兵布防，应对张郃。他亲自带领一万精兵，分成十队，借着夜色掩护，轮番猛攻张郃营寨。

蜀军攻势凶猛，曹兵眼看抵抗不住，危急时刻，张郃再次显露出猛人本色，他用行动证明自己的三国名将之称并非浪得虚名。张郃率领亲兵卫队到处"抢险"，哪里吃紧，张郃就出现在哪里，他到处救火，费尽力气总算打退蜀兵。

刘备围攻张郃久攻不下，深感自己兵力不足，马上派人回成都，让诸葛亮赶快派兵增援。

诸葛亮接到刘备发兵增援的急报却犹豫了。他问身边的蜀中旧臣从事犍为人杨洪，该怎么办？注意杨洪的这个身份，对我们理解诸葛亮的态度至关重要。

杨洪说，汉中是益州的门户，若是没有汉中就不会有巴蜀，这是事关我们生死存亡的大事。现在，男子就应当上战场，女子就应当充当民夫转运粮草，总之，一句话，全民总动员，跟他们拼了。玩命的时候到了，砸血本吧。这场仗咱们必须赢！

诸葛亮听了杨洪的建议，发兵增援汉中。当时蜀郡太守法正随刘备在汉中前线，诸葛亮便任命杨洪为蜀郡太守。在此前后又任命另一个蜀人何祗为广汉太守。

几乎所有的相关文章写到此处这件事就结束了。然而，事情并非这么简单。

汉中的重要性不言而喻，诸葛亮怎么会不明白。刘备亲自写信来要诸葛亮增兵，说明前线战况紧急，诸葛亮更清楚此时增援汉中的重要。

那他为何会犹豫？这才是问题的关键。

因为蜀中已经出现了叛乱，而发生叛乱的地方正是杨洪的家乡犍为郡。诸葛亮甚至一度离开成都指挥平叛。蜀地并不安定，犍为郡豪强马秦、高胜聚众数万寻衅滋事，形势危急。好在犍为太守李严颇有能力，面对危局，处变不惊，只带五千郡兵便扫平叛乱。

杨洪此前是李严的部下，由此推测，杨洪也可能是犍为大姓之人。

诸葛亮之所以犹豫，是因为蜀中也出现叛乱，而犍为郡的叛乱只是苗头，其他蜀中豪强正在观望，如果处理不当，就可能引发连锁反应。

犍为豪强马秦、高胜就是看准了刘备大军在外，蜀中空虚，才敢出来闹事。实际上，不只犍为郡，蜀地豪强普遍对刘备不满甚至敌视。

刘璋在益州时，蜀中本地豪强就不得志，受重用的是刘璋的东州人。而刘备入蜀，荆楚之士从之如云。刘备来益州后，得势的是荆州派。蜀中豪强在政治上实际上处于被打压的地位。而刘备率大军北上，一些人认为他们的机会来了。首先冒头的就是犍为郡的两家豪强，但被李严镇压下去了。

但一味靠镇压是不行的，因为还要派兵去前线，后方会更空虚。所以有必要适当安抚蜀人特别是地方豪强的情绪。

诸葛亮在此时先后任命两个蜀人担任重要的蜀郡、广汉郡太守，就是向益州士人表明诚意，释放一个重要的政治信号。益州士人收到信号，对诸葛亮的任命感到很满意。于是，就有了史书中后面出现的西土咸服诸葛用人之器。读懂前面才能明白这句话的含义。

李严通过军事手段镇压带头闹事的。诸葛亮用行政手段任命蜀人官员安抚那些观望力量。恩威并用！

诸葛亮与李严合作，成功安抚住大后方，这给前线的刘备留下了深刻的印象，四年后的那个意义深远的人事安排也许就是在此时有了萌芽。

蜀中援兵随后赶到汉中前线。

兵力占优的刘备开始发动全面进攻。刘备的援兵到位了，但夏侯渊的援兵还在路上。

　　增援夏侯渊的援军由曹操本人亲自带队。建安二十三年（218）正月，汉中战役就开打了。但曹操走得却很慢，慢是有原因的。

　　正月，少府耿纪、太医令吉平、司直韦晃等发动反曹政变，但是失败了。四月，北方代郡乌桓叛乱，曹操令儿子曹彰带兵平乱。九月，曹操走到长安。

　　十月，因徭役繁重，不堪压迫的宛城守将侯音等人发动起义，占据宛城，响应关羽。陆浑孙狼也因抗拒徭役起兵反抗，杀掉县主簿南下依附关羽。这边关羽授予印信提供武器支持孙狼打回去。

　　中原明显已经乱了，而且大有蔓延之势。曹操看到这个情势，不敢动了。曹操令驻守樊城的曹仁带兵镇压，他待在长安观望形势，要是曹仁不给力，他就得亲自兜底。曹操繁重的赋役造成官逼民反，加上关羽的因势利导，成功牵制曹操数月之久，而这个牵制对汉中战局是极其关键的。

　　建安二十四年（219）正月，刘备首先打破僵局，率军南下渡过汉水，然后爬上了那座中国人耳熟能详的名山——定军山。

　　之前，两军一直呈对峙之势。夏侯渊守，刘备攻。但夏侯渊占据地利，刘备攻不动。从南下益州打刘璋，到如今北征汉中，刘备总是将战争打成持久战。

刘备指挥作战最大的缺点是缺乏变化，打着打着就打成僵持的持久战。但战争往往是出奇才能制胜。出奇不是刘备的强项，但刘备有善于出奇谋的军师法正。

法正有奇谋，这个上山的主意大概率是法正出的。阵势一变，全局皆活。移军定军山，刘备军插入汉中盆地，还占据制高点，由被动变为主动。

以前，夏侯渊只要守住阳平关就行了，现在，他必须出去，去堵刘备。

刘备移军定军山，成功调动了夏侯渊，而夏侯渊又帮他调动了张郃。夏侯渊把张郃从广石拉回来跟他一块儿在定军山下与刘备接着对峙。

夏侯渊在定军山下修鹿角，与张郃分兵一东一南守住定军山脚。

刘备跟法正笑了。只怕你不出来，待在关上不好打，只要出来，就有办法收拾你。打仗为啥要抢占制高点呢？占据地利，易守难攻。

当然，看夏侯渊绕着山脚修工事的劲头，他并不打算攻山，他在等曹操的援兵。在这之前，只要维持现在的局面就可以了。但刘备是不会让他如愿的，在跟曹操决战之前，必须解决夏侯渊。如果让夏侯渊跟曹操会合，那麻烦就大了。宛城、陆浑拖住曹操几个月的意义就在这。

占据制高点还有一个好处，站得高望得远。夏侯渊跟张郃的一切调动都被刘备跟法正看在眼里，但刘备的部署调动，夏侯渊却看不见。

想让刘备老实待在山上，怎么可能，特别是有法正在刘备身边，这对战场最佳拍档给夏侯渊带来了"意外惊喜"。刘备派兵放火烧夏侯渊的鹿角，与此同时亲率大军去打张郃。

在夏侯渊看来，这不过是普通的声东击西之计。张郃东围危急，夏侯渊分出一半兵力去救张郃的东围。夏侯渊随后带着剩下的兵去被烧的南围救火，他判断刘备的主攻点在张郃那里。但他忘记了，山上可以看到他的全部调动。

随后，定军山上的法正，挥动令旗，早已等待多时蓄势待发的老将军黄忠当即一马当先冲下山来，他的身后是漫山遍野的蜀兵，喊杀声响彻云霄，震动山谷。等夏侯渊发现情况不对，想跑的时候，已经跑不出去了。

黄忠横刀跃马刀劈夏侯渊于马下，夏侯渊手下带来的兵也被全部围歼！胜利来得如此迅速，迅速到有点接受不了。

夏侯渊不是普通的大将，他是统帅，西线曹军的统帅。曹操将关中、陇右、汉中都交给他了，这种器重信任在曹操一生中是前所未有的。但现在夏侯渊被黄忠斩杀于阵前，对曹操、对曹军的打击是可想而知的。阵斩夏侯渊标志着汉中战役，刘备取得决定性胜利。

仗打到这时，胜负已分！

曹操来不来都已经不重要了。夏侯渊自从担任曹军西线总指挥以来打的都是马超、韩遂这类不入流的队伍，还有很多更不入流的草寇，很少遇见正规军，很少遇到劲敌，连续的胜利让他有点飘，久胜必骄，骄兵必败。对一支军队来说，大胜之后比大败之后更危险。因为思想上很容易产生麻痹大意，战场上骄傲轻敌，付出的必将是血的代价。

对这种危险，曹操事前是有所觉察的，也写信警告过夏侯渊，虽然你总打胜仗，但你也得给我注意，不要大意，不要轻敌。可是，夏侯渊听不进去。仗打完，曹操才来。

刘备才下山待了几天，不得不又回到山上。一次，刘备来到前线督战，当时战况对他不利，对面弓矢乱发，箭如雨下。明智的选择应该是立即撤退，但刘备也是憋着一口气，还较上劲儿了，说啥也不肯撤，大家谁都不敢劝，也知道劝不动。

这时，法正站出来了。法正并没有上去劝刘备，说咱不能这么硬拼之类的话，而是直接站到刘备的前面，用自己的身体护住刘备。这就是法正的高明之处。人在气头上的时候，千万别正面硬刚。你越劝，他越来劲，这时候劝等于火上浇油，只能适得其反。聪明的办法是迂回侧击。人都是要面子的，必须给领导台阶下，还要做到自然，不能过于生硬。

刘备见法正挡在自己前面，周围嗖嗖的箭矢乱飞，赶紧喊孝直避箭。法正说您都不惧危险，亲冒矢石，我们就更不应当怕了。言下之意，肯定领导，您很勇敢。刘备是真关心法正，也是真怕法正出事，毕竟，庞统的事例在前，庞统中箭阵亡，法正要是再有闪失，仗还怎么打？他也知道法正的用意，赶紧上前拉住法正的衣袖，一起撤退。

大家都看到了吧，主公不是打不过才撤退，是怕法正出事才退下来的。咱们主公多爱惜人才，他不是认输，他退下来是为了保护法正。领导的面子有了，又有台阶下，一场危机被巧妙化解。

法正既能出谋划策又能设身处地为刘备着想，让刘备既有面子又有里子，这样的人换成哪个领导都会喜欢。法正的行事风格从这件小事上体现得淋漓尽致，见微知著，正所谓管中窥豹，可见一斑。

刘备也是性情中人，有时也会冲动，他身边需要法正这种头脑冷静足智多谋又善于处事的参谋长。有法正在刘备身边，远在成都的诸葛亮也更放心。诸葛亮很清楚法正对刘备乃至整个阵营的重要意义。

诸葛亮
——鞠躬尽瘁的战略家

诸葛亮与法正从品行到行事是完全不同的两类人，但他们在倾尽心力辅佐刘备这点上是高度一致的，可以说是殊途同归。也因此，两人虽好尚不同，却彼此敬重。

刘备对诸葛亮是尊重，对法正则更像亲密无间的战友。庞统去世后，在刘备阵营之中，法正的地位仅次于诸葛亮。诸葛亮明于治国，而法正善为奇谋。

诸葛亮与法正各有所长，而刘备也能知人善任，发挥他们各自的长处。如果将刘备比作高祖刘邦，那么诸葛亮就是刘备的萧何，而法正担当的则是张良、陈平的角色。

刘备在世时，诸葛亮很少领兵作战，更多的时候都是在后方，处理政事，做好后勤，足兵足食，这正是当年萧何做的事情。而刘备征战在外带在身边为其出谋划策的是庞统、法正。法正对刘备最大的功绩就是辅助刘备打赢汉中战役。

冷静下来的刘备终于找到了击败曹操的办法，不跟他打。相信其中也会有法正的谋划。不是说刘备怕曹操，也不是打不过。刘备的实力早已今非昔比，但要以最小的代价取得最大的战果，以拖待变才是明智的选择。现在，刘备相比曹操最大的优势在于他的补给线比曹操短。在双方势均力敌的情况下，补给线的长短往往能决定战争的胜负。

刘备的大本营在益州，有主场优势，主管后勤的又是善于治国理政的诸葛亮。对后方供应，刘备是完全放心的，军资充足，运输畅通。而曹操的补给最近的也在关中，需要翻越秦岭，关山重重，转运艰难。

刘备背靠益州打多久都能奉陪到底。汉中是益州的门户，补给便利，至少比曹操好很多。曹操远道而来，利在急战，必须速战速决，时间久了，就算前方撑得住，后方也撑不住的。

既然能不战而胜，又何必打呢！只要拖下去，曹操早晚会被拖垮。汉中的百姓大部分被曹操强制迁到中原，坑苦了汉中百姓，现在轮到他自食苦果了。刘备坚守不战，曹操果然挺不住了。

曹操三月从长安出发，四月进入汉中，不过一月，军中士兵便开始大量逃亡。为了不至于彻底崩溃，他只能选择撤军，退出汉中，返回长安。

刘备攻占汉中，据有巴蜀，此情此景，似曾相识，对，四百年前，也有一个人被封在这里，然后从这里走出去，征战四方，最终统一全国，确立汉家四百年江山。这个人就是刘邦。

汉高祖刘邦的起点就在汉中。四百年后，刘备准备从这里再次出发，兴复汉室，重振大汉。

建安二十四年（219），刘备称汉中王。同年，关羽发动襄樊战役，并于当年大败于禁，水淹七军，威震中华。

这年年底，孙权方面背信弃义，吕蒙白衣渡江偷袭荆州，不久，关羽败亡。孙权卑鄙地偷袭荆州多地，也与刘备彻底翻脸。

刘备当然不会善罢甘休，大战不可避免。

对此，孙权当然也清楚，所以，他与刘备撕破脸就马上去向曹操示好。

建安二十五年（220）正月，魏王曹操也死了。十月，汉献帝举行禅让仪式，让位于魏王曹丕。

曹丕在程序性地辞让三次办完所有手续后，正式篡汉，登基称帝，国号魏，定都于雒阳。

第二年，消息传到成都。四月，刘备在益州称帝，国号仍称汉，年号章武，定都于成都。

刘备立刘禅为太子，诸葛亮为丞相。后世为与两汉相区别，又因刘备称帝于蜀，称刘备所建为蜀汉。刘备在成都立宗庙，置百官，正式建立起汉之正统的蜀汉帝国。

第五章

临危受命

一、夷陵战役兵败猇亭

建安二十四年（219）夏秋，刘备、关羽先后在汉中、襄樊战场取得辉煌胜利，刘备夺回益州门户称王汉中，关羽水淹七军威震中华。

两场大胜，令刘备阵营达到前所未有的巅峰！

然而，巅峰过后是急速的衰落。相比南北对峙，三方鼎立的格局相当复杂又相当微妙。

原本刘备跟孙权是盟友，两个南方的小伙伴共同对付北方的曹操。谁让曹操雄踞中原实力最强呢！刘备跟孙权联手才能勉强与曹操维持均势。但势力急速上升的刘备打破了这种均势，本来两家就为争荆州几乎反目，刘备的壮大令孙权羡慕嫉妒甚至愤恨。曹操也被一度逼得差点迁都。于是，刚刚还在淮南大打出手的孙、曹两家迅速实现和解，曹操、孙权决定联手压制刘备，矛盾直指刘备的大将关羽。

在吕蒙诱降下，荆州守将叛变，开城投敌。孙权几乎是兵不血刃夺回江陵，进而迅速占领刘备阵营占据的荆州三郡。接着，孙权收编数万荆州兵，又俘杀关羽，与刘备彻底决裂。关羽被杀，荆州失守，刘备遭到重挫。

此消彼长，以实力而论，曹操依然最强，刘备刚升到第二又迅速跌回第三，孙权重回第二。

襄樊战役，损失最大的自然是刘备。但最大的赢家却不是孙权而是曹操。

孙权的愚蠢在这场战役中体现得最为彻底，简直蠢到极致。孙权偷袭荆州得手夺回三郡，他自以为得计，却不知已经犯下致命的错误。要不是他运气够好，曹丕够蠢，三国里最先亡的就是东吴。孙权鼠目寸光，他就只盯着三郡，从来没有大格局。在战略家鲁肃去世后，东吴再未出现有大局观的战略家。

孙权偷袭得了三郡，却永远失去了问鼎中原的机会。他得到的是芝麻，丢掉的是西瓜，所得不足以偿所失，从此陷入长期的被动，只能逢迎曹丕，人家还不爱搭理他，不但不领情，还总找机会揍他，而蜀汉也被他得罪，接下来，他只能吞下两线作战的苦果。

曹操、孙权、刘备，说是三国鼎立，但其实是南北对峙。曹操实力过强，刘备、孙权必须联合起来才能对抗曹操。三足鼎立，实际上是两弱抗一强。关羽的强势北伐，接连大胜，已经出现改变格局的希望，曹操的野战兵团，接连被关羽打崩。曹操已经有了迁都的意思。

只要曹操北撤，关羽攻占襄阳，那整个战略格局就将发生根本性的变化，这个变化是有利于孙刘两家的。曹操为堵住关羽北上，已经将守合肥的张辽都调过去，各处调兵只求堵住关羽，别的都顾不上了。

孙权最怕的是张辽。这位猛人调走，合肥的守备必然空虚，合肥才是孙权真正应该趁虚而入的地方。对江东而言，合肥的意义远远大于江陵，趁曹操手忙脚乱，赶紧打合肥，这是孙权这辈子最好的机会了。

可是，孙权这时候满脑子装的都是荆州。

荆州最重要的是襄阳，但孙权又打不下来。三国鼎立，战线有万里之长。但关键的战略局点，只有三处，分别是西部益州战区的汉中、中部荆州战区的襄阳以及东部淮南战区的合肥。谁占据这三处兵家必争之地，谁就掌握战略主动权。这也是为啥刘备拼命也要争汉中，曹操即使赤壁大败退回北方，宁可不要江陵，也要保住襄阳的原因。

刘备、曹操都是明白人，关乎生死的战略要地不能落在敌人手里，必须夺过来并且守住。

对于孙权，他的战略局点就是合肥，占据这里，他就进可攻退可守，完全主动。

刘备据汉中，曹操占襄阳，孙权盘踞合肥，三家各据其一，三足鼎立才能长久。

但孙权是三人里战略水平最低的，他身边也曾有过明白人，就是劝他借江陵给刘备的鲁肃。但孙权只念及鲁肃赤壁之战时支持他的功劳，反而把借江陵当作鲁肃的败笔，以此贬低鲁肃，同时夸奖帮他夺回江陵的吕蒙，孰不知，吕蒙才是那个坑他最深的人。舍弃合肥不攻，偏要去夺江陵，曹操一生极会用兵，部署上很少有大漏洞，仅有的这次，还是被关羽逼出来的，孙权错过最好的机会后，就再没有机会了。

接下来的三十年，孙权被曹军压着打，再没有机会攻下合肥城。于是，一个有趣的现象出现了。

进入三国鼎立时代，魏国只打孙权，却几乎不去进攻蜀汉，仅有的两次曹真、曹爽的进攻也因汉中的地形走到半路就不得不中途折返。

蜀道之难难于上青天。魏国不是不想打蜀汉，但路难走不说，还那么远。汉中有汉军凭险固守，他们打不进去，只能作罢，这就是汉中战略局点的意义。

相反，在魏国与吴国的数千里战线上，荆州战场的局点襄阳、淮南战场的局点合肥都被魏军控制。魏军想怎么打就怎么打，想啥时候来就啥时候来。东吴只能在漫长的战线上疲于奔命。

荆州的魏军随时都可以来一场说走就走的南征，从襄阳到江陵一片坦途，魏军可以轻而易举杀到江陵，简直不要太轻松。

错失良机取合肥，还不是最可怕的。最可怕的是失去盟友。孙权偷袭荆州杀关羽，与刘备成为生死仇敌，双方的战争不可避免。问题是，孙权卖力讨好的曹丕并不可靠。但曹丕也是个蠢货，他也没有抓住机会。

不出意料，章武元年（221），刘备兴兵伐吴，要为关羽报仇，更要夺回荆州。

刘备四月称帝，七月便出师东征，可见他态度的坚决，诸葛亮并未劝阻，因为他知道这时候，劝也劝不住。唯一能劝动刘备的那个人法正也在去年病逝。刘备起精兵四万，水陆并进，沿江而下。

孙权自然早有准备，以陆逊为大都督率兵五万迎战。但孙权令人感到诧异的是，这个时候，他居然还派人去求和，你都杀人夺城了，还想当啥事都没有发生过，怎么可能？你杀的是刘备的二弟关羽，夺的是被刘备看重的荆州。刘备怎么可能跟你讲和，肯定要跟你拼命。

汉军初战，士气旺盛。先锋吴班、冯习击败吴军，收复秭归，首战告捷。孙权顿感压力巨大，赶紧派人去雒阳向曹丕称臣，顺便送被关羽俘虏的于禁等人北还。襄樊战役结束后，曹丕曾召集群臣讨论，刘备会不会为关羽报仇。大多数人都认为不会，说蜀国的名将不过关羽一人，关羽败亡，举国震恐，哪里还敢出兵。

刘晔说，刘备肯定会出兵。蜀国虽是小国，刘备却更要以威武自强使魏吴两国不敢小视，况且刘备与关羽名为君臣情同手足，关羽为孙权所害，刘备肯定会报仇。

果然，不久之后，吴蜀开战，刘晔的推测被证明是对的。接下来才是重点。

刘备与孙权开战，魏国怎么办？三国之中，魏国最强，吴蜀皆弱。两弱抗一强才能维系平衡，现在孙刘开战，魏国加入其中任何一方打另一方，另一方都是挡不住的，毕竟实力差距过大。

现在该曹丕做选择了。很明显，形势对他最有利。考验智商的时候到了。可惜，曹丕不够明智。

刘晔说，孙权此时来称臣，就是怕我们打他。他称臣于我，一是怕我们趁机打他；二是做给蜀国看，魏国是站在我这边的，方便他狐假虎威。我们不能让他如愿。当今天下，我大魏十居其八，吴蜀各保一州，一个依山川之阻，一个凭长江之险，这才得以顽抗至今。小国相攻，大国之利。

趁着刘备与孙权开战的大好时机，我们也加入进去，跟刘备一起打孙权，渡江南下，进攻建业。蜀军攻其外（荆州），我

111

攻其内（扬州），千里战线，孙权首尾难顾，顾此失彼。不出旬月，吴国必亡。即使将吴国的土地分一半给蜀国，失去呼应的蜀国也不能久存。更何况蜀国得的是荆州的外围，我们得的是扬州孙氏的基本盘。

刘晔已经将形势讲得很透彻很明白。可是，曹丕的智商实在是对不起他爹的信任。曹丕居然接受了孙权的称臣，封孙权为吴王。曹丕在吴蜀相争之际选择坐山观虎斗，按兵不动。

刘备的东征兵团在收复秭归之后，便停滞不前，近半年的时间未采取大的行动。直到章武二年（222）正月，刘备才率军从秭归出发，将军吴班、陈式率水军沿长江两岸夹江而进。

之所以会停半年，刘备很可能是在看形势。刘备与孙权开战，曹丕虽未动手，但北线的军事压力一直都在。

孙权面临着两线作战的危机，这种场景似曾相识，六年前，刘备也是在面临两线作战的压力下，以土地换和平与孙权平分荆州。刘备在等孙权主动吐出荆州，但孙权吃到嘴里的就不会吐出来。

二月，刘备亲率大军自秭归出发，大举进攻孙权。行前，刘备手下大将黄权对他说，水军顺流而下固然便捷，但退军就要逆流而上，进军容易撤退难。不如由臣率军为先锋替陛下开路，陛下率大军居中坐镇。但刘备不听，不但不听，还把黄权打发到江北。

关羽败亡是刘备由盛而衰的转折点。衰落的重要标志就是人才的凋零。以大将而言，刘备称王汉中时封了四大将，分别是前将军关羽、右将军张飞、左将军马超、后将军黄忠。

关羽为孙权所害，就在刘备东征之前，张飞也死了。

对张飞的死，刘备似乎并不感到特别意外。因为张飞是被部下杀死的，死因是他鞭挞士卒，这也是他的老毛病。刘备就多次劝过张飞，让他收敛一点。刘备说，你时常鞭挞部下，又把他们带在身边，这是取祸之道。但张飞表面答应却一点不改，依然如故。终于，有部下对张飞下手了。刘备出兵时说好让张飞领兵一万从阆中到江州与他会合，谁知，尚未出发，张飞便为人所害。刘备听说张飞军中都督有表上奏，还未看就猜到了。刘备长叹一声，唉，张飞死了。关羽、张飞是刘备的左膀右臂，先后遇害，刘备如折臂膀。

在定军山大放异彩的老将军黄忠也在建安二十五年去世。如今四大将军里还在世的只剩下马超。不过，马超这时已是徒有虚名。刘备只是看中马超的名声，却不会重用他。赵云没有名列四大将，在刘备生前很受信任却不受重用。

赵云说当前最大的敌人是篡汉的曹丕，应该先伐曹魏，还说当因众心，早图关中。赵云的话本身说得没错，但在特定的环境下就显得不合时宜。

如果孙权没有偷袭荆州杀害关羽，那么刘备下一步大概率当然要伐魏攻取陇右凉州。但是，孙权背盟负约，还立刘璋为益州牧派驻秭归，这是极其嚣张的政治挑衅。

刘备现在只能选择伐吴，因为北上攻打曹魏，以孙权的卑鄙大概率还会得寸进尺进攻益州。但打孙权，曹丕不会出兵攻蜀。

刘备令将军吴班、陈式率水军东出三峡，顺流而下直逼夷陵，他也从后方返回前线，汉军在长江两岸齐头并进，水陆大军夹江而进，两岸旌旗蔽野、刀矛如林，气势恢宏，大有气吞山河、踏平东吴之势。

正面进攻的同时，刘备又派侍中马良深入武陵，与那里的少数民族首领沙摩柯取得联系，后者随即率蛮兵袭击吴军后方，策应刘备的正面战场。

刘备率主力从江北的秭归城出发，沿江东进，大将张南也领兵在南岸同时跟进，与北岸的刘备主力部队遥相呼应。长江北岸汉军主力在刘备的率领下，一路推进到夷陵，在这里遇到了凭险固守的陆逊所率吴军主力。陆逊见汉军士气旺盛，便坚守不出，吴军主力收缩于夷陵城。刘备强攻不成，决定避实击虚，率主力渡江南下，打算从江南打开突破口。

此时汉军分驻长江两岸。为便于指挥被大江分割的汉军，刘备让黄权当镇北将军，负责指挥江北夷陵的汉军。

当汉军准备沿江南推进时，陆逊发觉了刘备的意图，于是决定主动后退到江北夷陵县的猇亭一线，与江南的夷道防线拉平。敌变我变，刘备再次改变战术，以主力沿江北向猇亭陆逊所率吴军主力进攻，而以前部都督张南率偏军在长江南岸向夷道进军。

南岸汉军张南所部，推锋而进，势不可挡，很快攻到江南夷道城下，包围了夷道城，随即发起猛攻，此时守在南岸夷道城的是孙权的侄子孙桓。

在汉军猛攻之下，孙桓很快顶不住了，连连向江北猇亭的陆逊求救。帐下众将纷纷要求带兵救援，却被主帅陆逊否决，陆逊很清楚，此刻主战场猇亭的成败才是关键，孙桓虽然被围，但夷道城兵精粮足，守个把月不成问题，而一旦自己分兵救援则正中刘备下怀。所以尽管明知孙桓身份特殊，但陆逊还是决定按兵不动。

刘备大军杀出三峡后，陆逊将数百里山地让给刘备，退守夷陵，到这里便再不肯退，原因在于地势。夷陵以西是狭长山地，刘备的兵力难以展开。刘备出峡口后立营四十余座，陆逊与之对应，也延伸防线与汉军对峙。

曹丕说刘备联营七百里，是道听途说，他不懂军事还硬装内行，他上去还不如刘备。

刘备在占领夷陵东西岸后全线畅通，不需留驻大量兵力，他的主力都在猇亭、夷陵与陆逊对峙。陆逊是想将刘备堵在山岭之间使其不得入平地，利用两岸的崇山峻岭困住刘备。三峡水流湍急，至西陵峡口水势才开始变缓，西陵即是夷陵。从夷陵往东，荆门、虎牙两山相对，夹江而立，江岸再次收窄，过了这里江面才开始变宽，水流变慢，才有利于行船。

陆逊堵的位置，在水上不利于蜀汉水军东进，陆上汉军步兵也被他用山地加以限制。陆逊充分利用了地利，可以说将守方的地理优势发挥到了极致。

刘备最理想的进攻方式是水陆并进，但陆逊用山水之势将刘备完全挡住。

章武二年（222）六月，刘备干脆将水军转移上岸，想集中兵力在陆上打开缺口。这也成为夷陵之战的转折点，也是刘备战败的原因，舍船就步，这是刘备部署上的最大败笔，因为沿江而进的汉军从此将失去水军的侧翼保护，将长江的控制权完全交给吴军。水陆并进不仅仅是可以协同作战，令敌人加大防守的难度，还可以相互保护，护住侧翼。

刘备夷陵之败并非败于七百里连营，而是舍船就步。刘备的悲剧在于，他明明知道水陆并进的优势，却只能被迫放弃，因为水军的优势不在他这边。

三国时代，三国各有自己的优势兵种。魏国的优势是骑兵，蜀汉的优势是步兵，东吴这两个兵种都弱，但它的水军强，虽然打不出去，但在长江上有优势。

孙权原有的江东水军实力已经很强，加上荆州水军，实力又得到加强。相反，失去荆州水军，刘备的水军实力大大削弱，益州处于长江上游，水军本来就弱。刘备东征整体部署又很仓促，来不及建造更多的大船。以水军实力而言，刘备的水军难以抗衡东吴。那就只能发挥自己的步兵优势。这是刘备舍船就步的真正原因。

双方都想以己之长攻敌之短。但战场偏偏是在长江两岸，水军是万万不能舍弃的，刘备在兵力不足实力有限的情况下，将水军转移上岸，但也将侧翼完全暴露给了敌人。

不是刘备不想水陆并进，他也是没有办法。刘备希望在陆战中取胜，打破僵持，但陆逊只想利用地形拖住刘备，坚守不战。

如何才能诱敌出战？平地立营。当时对峙的双方都是将营垒设在易守难攻的山岭上。但刘备故意露出破绽，让将军吴班带领上岸的水兵在开阔处的平地立营，以此引诱吴军出战，而在附近的山谷里早已埋伏下八千精兵。刘备设好埋伏，单等吴军中计，出来攻击平地立营的汉军，然后伏兵杀出，将吴军聚而歼之。

江东众将见汉军在平地立营，果然沉不住气了，纷纷跑到陆逊那里请战。面对情绪激动的军中众将，陆逊却异常淡定。

开战以后，陆逊又是大踏步后退，一口气撤退几百里，江东众将对陆逊的指挥早就大为不满，心里都憋着气呢！这次终于看到机会，陆逊又拦着，不让动。牢骚满腹的众将大吵大闹。

一向以儒将示人的陆逊也憋不住了，拔出宝剑大吼：刘备天下知名，连曹操都要忌惮三分，那是强敌！我虽是书生，但受命主上！有抗令者，军法从事。一顿怒吼之后，老将们表面上老实了，心里还是不服。但是刘备那边伏兵也不能总在山谷里待着。见陆逊不上当，刘备只好把山谷里的八千伏兵撤出来。

双方从章武二年（222）正月对峙到六月，缺乏得力军师辅佐的刘备确实想不出新的奇谋，而长久的对峙，迟迟打不开局面，又屯驻在山林高地上，汉军的士气不可避免地下降，部队也十分疲惫。更危险的是，此时刘备军的侧翼，已经完全暴露在机动性极强的东吴水军面前。

夷陵战役是陆逊接替吕蒙成为大都督的首战，而江东此时的处境陆逊也是心知肚明，十分危险。因此，陆逊不敢冒险。

陆逊在给孙权的上书中，表明了自己在夷陵与刘备决战的决心。夷陵不但是宜都郡治，更是荆州的西面门户。如让刘备攻破夷陵，吴军再无险可守。他说开始最怕刘备水陆并进，现在刘备水军上岸处处结营，我已探明他的兵力部署，知道该怎么做了。击败刘备，只有出奇制胜，派水军逆江而上出奇兵从汉军侧后登陆，与主力前后夹攻。

陆逊心里有底也就不像开始那么畏惧刘备。陆逊是胸有成竹了，他才敢这么说。陆逊想出了击败刘备的方法——敌后两栖登陆。他先派朱然领兵五千乘船走水路逆流而上，深入汉军侧后，实施迂回包抄。

刘备经验丰富，对陆逊的反攻早有防备，事先在险要道口派重兵把守。陆逊很难从正面突破。

陆逊想实现包抄敌后的计划，照常规作战是基本不可能完成的。但刘备也有弱点，陆逊早就注意到了。这个弱点并不是曹丕所说的，刘备不懂兵法七百里连营，也不是把营寨驻扎在林木茂盛之处。而是刘备"舍船就步"，没有水陆并进，换句话说，就是刘备在夷陵的陆军，没有水军的侧翼保护。刘备沿江攻击却把自己的侧翼完全暴露给了吴军，还是吴军最强的水军！

刘备在蜀地没有大规模经营训练水军，相比东吴，水军弱小。所以他才会把沿江作战至关重要的水军留在夷陵，而自己带领陆军缘山截岭地艰苦行军。

当刘备的陆军主力在猇亭一线与吴军对峙时，从猇亭到夷陵城大约 38 公里，而这一段正好就是沿江汉军阵地没有水军保护的侧翼，也无险可守，是刘备的软肋。而吴军拥有强大的水军和船队，控制长江水面，完全可以保证把陆军快速、突然运送到这一段的任何一个地点实施登陆作战。

陆逊正是看到了这点，才满怀信心地向孙权打包票说他能对付刘备。

陆逊命令士兵每人带上一把引火的茅草，各部同时向事先各自指定的汉军营寨发起进攻。朱然率领的五千精兵在刘备前军侧后登陆成功，并突然发起攻击，陆逊在朱然部得手后，才率领全军从正面强攻，夹击汉军。

汉军突然遭到敌人夹攻，腹背受敌，陷入苦战。汉军对正面的吴军有所准备，但对仿佛从天而降的朱然部全无防备，阵脚大乱，大都督冯习、前部都督张南先后战死，蛮王沙摩柯也死于乱军之中。这次两栖登陆突然切断了冯习前军与刘备中军的联系，而后陆逊全线发动攻击，结果造成汉军前军的迅速崩溃。

刘备率军撤到夷陵西北的马鞍山，背靠马鞍山结成圆阵。

刘备想坚守马鞍山，稳住阵脚，但陆逊没有给他喘息的机会。刘备刚到马鞍山，陆逊的追兵随后赶到，随即将刘备及其所部一万余人四面包围。

刘备下令趁夜突围，在护卫亲兵保护下，得以杀出重围。随行人员把士兵丢弃的铠甲堆在路上焚烧堵塞道路，挡住追兵。刘备率部撤到秭归后，焚烧船只，沿陆路撤向永安白帝城。刘备退回永安，吴军跟踪追击，在白帝城南面的南山安营，吴军将领纷纷要求乘胜追击，攻入蜀中，一举拿下西川。

孙权问陆逊入蜀是否可行。陆逊告诉孙权，曹丕不得不防。我们去打刘备，曹丕要是趁虚而入，不好抵挡。孙权这才作罢。

二、永安托孤临危受命

章武三年（223）二月，南征魏军北还之际，远在成都的诸葛亮也接到刘备手诏，急召其赶赴永安，有要事相商。诸葛亮接到命令，不敢怠慢，几个月来，皇帝一直卧病在床，此时征召自己，他很清楚这意味着什么。诸葛亮把手边的政务做了处理，便马不停蹄朝永安赶来。

诸葛亮并不是唯一被刘备传召的人，早在几月前，另一位大臣就接到了去永安的通知，此人就是前犍为太守，如今的蜀汉帝国尚书令李严。

七月，刘备兵败退回永安后，便一直住在永安的白帝城。

白帝城位于瞿塘峡口、长江北岸高耸的山头上。白帝城东依夔门，西傍"八阵图"，三面环水，雄踞水陆要津，为历代兵家必争之地。

夷陵战败后，刘备便留驻永安，为的是防备东吴，这是真正的"天子守国门"。虽然不少东吴将领甚是嚣张，嚷嚷着要进攻蜀地，但陆逊还是有自知之明的，他知道以东吴的实力，益州想都别想。

章武三年（223）四月，刘备病情加重，他知道自己快不行了，在永安宫召见丞相诸葛亮、尚书令李严，儿子刘永也在场。这是刘备、诸葛亮君臣的最后一面，就在这次临终托孤之际，刘备说出了那句著名的政治遗言："君之才胜曹丕十倍，必能安邦定国，成就大事。如嗣子（指刘禅）可辅，请辅之，如其难堪大任，君可自取。"

诸葛亮闻言，立即跪地痛哭，泪流满面，说："臣蒙陛下三顾之恩，自当竭尽心力，辅佐嗣君，至死方休。"

刘备临终前对诸葛亮说，卿才十倍于曹丕，如果我的儿子可以辅佐，请你辅佐他。如果他不成器，你可取而代之自立为成都之主。

对于刘备永安托孤，外界一直以来都有各种猜测，说法众多。比如有人说这个自立不是让诸葛亮自立，而是给予册立的权力。如果刘禅不行，那你就再换一个，刘备不止刘禅一个儿子，还有刘永、刘理，也就是说，在接班人的问题上，蜀汉是有后续梯队的。这个说法有合理性，但过于牵强，根据当时刘备说这番话的语境，其实不需要做过多的解读。刘备这么说，并不是真的让诸葛亮取而代之，而是赋予他极大的政治权力与政治权威。

刘备很清楚，今后很长时间，蜀汉都要靠诸葛亮。自己的儿子尚未成年，而且刘备看人用人的水平甚至在诸葛亮之上，刘禅的资质他自然是心知肚明。自己要将整个国家都托付给诸葛亮，那就不能不加重诸葛亮的权威，给他足够的权力。

刘禅在相当长的时间里都将是名义上的国家元首，实际主持国政的将是诸葛亮。诸葛亮虽是有能力也有威望，但大权独揽甚至代行部分君权，还是会有人提出异议。刘备的话与其说是说给诸葛亮听的，不如说是说给在场众人听的，这里面包括同为托孤大臣的李严。

刘备很清楚，为确保蜀汉政权的稳定，实现权力的平稳交接，必须赋予诸葛亮足够的权力。今后当有人质疑诸葛亮大权独揽时，自然会想到先帝临终前说过的话，先帝连"君可自取"

的权力都给了他，那诸葛亮总揽国政，别人也就不敢说三道四提出质疑了。

刘备当然不是希望诸葛亮真的取而代之，他也是没有办法。元老重臣如庞统、法正都已去世，就连马良也在不久之前死于夷陵前线。有能力有威望的亲信大臣，也只有诸葛亮，刘备只能托孤于诸葛亮。

也有人说刘备的托孤之语充满诡诈，是在逼诸葛亮效忠。说刘备对诸葛亮所说的"君可自取"是帝王心术，这实在是冤枉刘备。托孤的时候只能讲真话讲实话，人之将死其言也善。

想篡位的，你就是不说，他也会篡权夺位，比如曹魏的托孤大臣司马懿。忠于汉室的诸葛亮，你就是给他这个权力，他也不会那么做。

刘备是最会识人的，他与诸葛亮君臣相处十余年，他会不清楚诸葛亮的品德为人吗？他当然清楚，用人不疑，刘备是诚心托国，不需要使用诈术。刘备的话只是赋予诸葛亮权力，加大权威，方便他治国理政。

刘备最看重诸葛亮的，是他的治国之才。至于治军、领兵征战，刘备更相信自己。刘备是把诸葛亮当作他的萧何，将儿子跟国家交给他，刘备放心。刘备随后在给后主刘禅的诏书中说："今后汝与丞相共掌国事，对丞相侍之如父。"这是刘备临终前对儿子的交代。

诸葛亮是中国历史上最优秀的丞相，最杰出的政治家。

刘备此生历尽坎坷，可谓九死一生，漂泊半生直到遇到诸葛亮才迎来转机。尽管遭受很多磨难，但上天还是厚待刘备的，因为有了诸葛亮。

刘备深知创业难守业更难。自己的儿子资质平平，那就只能靠诸葛亮了。

历代以来的托孤，在诏书里明确交代要接班人与丞相共掌国事的，还要接班人向对待父亲那样对待托孤大臣的，就更少见。接班的刘禅明白父亲的用意，后来，他也的确是这么做的。他只在需要他以皇帝的身份出现的时候才会公开露面。在需要他盖章的时候行使权力。平时，国家大事都交给诸葛亮。但并不是所有人都深刻领会并遵照执行刘备的临终托孤，比如尚书令李严。

刘备死前指定的托孤大臣有两位，丞相诸葛亮为正，尚书令李严为副。这个安排是有其深意的。蜀汉帝国有三股政治势力。居于首位的是追随刘备入蜀的旧部，以荆州人为主，诸葛亮是代表。其次是刘璋旧部的东州势力，李严是代表。还有益州本土势力，他们中的很多人对新生政权持敌视态度，此时是防范对象，实力最弱。

刘备设计的辅政班底放出了明确的政治信号。丞相诸葛亮代表荆州集团是首辅，居于主导地位，尚书令李严代表东州集团是次辅，居于从属地位。

刘备赋予诸葛亮很多权力，但对李严并未做过多交代，这也是一种暗示，朕不给的，不能抢。你的职责就是辅助丞相，可惜，李严不明白其中的意思。

按照刘备的政治安排，未来的蜀汉帝国里荆州派系仍将居于领导地位，这是不容质疑的，作为荆州代表的诸葛亮必须拥有掌控局势的权力与威望。但出于政治制衡以及政治平衡考虑，为安抚其他派系，其他政治派别也要有代表人物，李严是最合适的人选。

为何是李严呢？李严，字正方，荆州南阳郡人，早于刘备入蜀，属东州集团，这个集团是合作对象，这派人物对刘备也比较支持，李严就是其中的代表，在这一派中享有较高的声望。而且，李严的忠诚干练也是经过考验的，早在刘备北上争夺汉中时，时任犍为太守的李严以一己之力扫平境内叛乱，关键时刻为刘备稳住了后方，才使得刘备能全神贯注投入前线作战，李严在平乱中展现了其过人的才干能力。

刘备称帝，李严又带头称言福瑞，力挺他，表现了忠心、忠诚。能力强又可靠，自然要重点培养提拔。这就是刘备选择李严辅政的原因。

丞相诸葛亮与尚书令李严作为辅政大臣，总领朝政。不久，诸葛亮回成都主持朝政，李严为中都护，统领内外诸军事，镇守永安。

刘备的辅臣安排有点像之前孙策的那个托孤班底，在孙策的那个班底里，长史张昭在内主管内政辅佐孙权，中护军周瑜主管军事在外领兵。

在刘备的班底里，诸葛亮的角色相当于张昭，李严就相当于东吴的周瑜，诸葛亮与李严两人也是一内一外，诸葛亮在成都辅佐后主，李严领兵在外镇守永安。

两者看似相同，实际却大有出入。因为在蜀汉帝国里，刘备之后，诸葛亮的地位不可撼动，这是张昭所不能比的。而李严也远远没起到周瑜的作用。辅政大臣之间的关系向来是最为微妙的，和睦相处是很难的，而明争暗斗几乎是必然的。

三国时代辅政大臣之间的矛盾冲突是普遍现象，后来曹叡的托孤大臣曹爽与司马懿，东吴孙权的托孤大臣诸葛恪与孙峻就上演了流血政变，相对而言，蜀汉辅政大臣之间的斗争仅仅表现为争权，尚未发展到流血政变。但李严一而再再而三地挑衅争权，最后迫使诸葛亮不得不采取行动以维护国家的稳定。

三、孔明治蜀闭关息民

章武三年（223）五月，诸葛亮护送昭烈皇帝刘备的灵柩回到成都。太子刘禅在为父服丧后，正式登基即位。刘备的吴皇后被尊为皇太后。两年前被刘禅娶进门的太子妃张氏，车骑将军张飞的大女儿被立为皇后。

后主刘禅即位后于当年改元，改章武三年为建兴元年。刘禅做了皇帝，随即大封文武。丞相诸葛亮，封武乡县侯，开府治事。不久，刘禅又令诸葛亮领益州牧。丞相主管中央国政，益州牧执掌地方行政，蜀汉帝国其实也就一个益州，如此一来，蜀汉帝国的军政大权全部归于诸葛亮。蜀汉帝国正式进入诸葛亮时代。史书称，"政事无巨细，咸决于亮"。

刘备的"五虎上将"只剩下一个长期不受重用的翊军将军赵云。刘禅即位后，对这位当年在长坂坡于千军万马之中舍命相救的老将给予重用，任命赵云为中护军，统领宿卫军，晋升征南将军，封永昌亭侯。对赵云的提拔也出于诸葛亮的授意。蜀汉几员大将中，诸葛亮对赵云比较偏爱。证据之一便是，他刚刚主政便刻意重用赵云。证据之二是，五年后，诸葛亮首次北伐，兵出祁山，赵云受命率领一军为疑兵与曹真大军对阵。

建国时，诸葛亮就已经是丞相，但刘备却没让他开府。不开府，就不能有自己的僚属与办事机构，这个丞相也就是打了折扣的。开府就是实权丞相，可以建立自己的工作班子，选拔幕僚在丞相府中任职，便于培养亲信，也方便开展工作。

西汉一朝前期丞相都是开府的，只是到了武帝以后，相权开始遭到削弱，到了东汉，丞相制度一度被取消。曹操恢复丞相制度，便开府治事，开府就意味着丞相有独立于君权之外的相权，曹操开府是为了专权，名正言顺地独揽大权。

丞相的权力扩大，就意味着国君的权力缩小，历史上只有在特殊时期，丞相的权力才会比肩于甚至超越君主，比如曹操与汉献帝，诸葛亮与刘禅，这个类比或许有些奇怪，但区别就在于他们的目的是否忠诚。曹操强化相权是为篡权，而诸葛亮掌权，首先源于刘备的托孤之语，结合此时蜀汉帝国的具体情况，恰恰是君弱国危，需要一个强势的丞相支撑危局。

刘备是一个强势的皇帝，他在世时，不让诸葛亮开府也在情理之中。但刘备也知道自己走后，儿子扛不起这副重担，那就必须分权给丞相。刘禅刚刚即位就给了诸葛亮开府治事的权力，显然是遵照他父亲的意思，刘备是想把这个做人情的机会留给儿子，加深刘禅与丞相诸葛亮的感情。

刘备不是不知道这么做的后果，那就是相权的扩大，好在诸葛亮值得信任，他的忠诚是经过时间考验的，刘备与诸葛亮十几年的君臣，刘备太了解诸葛亮了。刘备这一生，打仗的本事平平，但看人的确很准。

刘备临终前，曾对诸葛亮说，马谡言过其实，不可大用。但诸葛亮不信，后来果然铸成大错。

诸葛亮获准开府，终于成了实权丞相，蜀汉帝国也进入到诸葛亮时代。刘备死后，蜀中有诸葛亮镇抚，比较安定，顺利度过危机，但南中各郡就不同了。

建兴元年（223），出身南中益州郡大姓的雍闿聚众叛乱，当地土人并非愿意反叛，但雍闿为了自己的野心，不惜造谣诓骗。蜀汉朝廷对南中的控制本就薄弱，而地方大姓、郡守是朝廷与百姓之间的纽带桥梁，两者的沟通主要依靠地方大姓，而存心造反的雍闿想从中做手脚简直太容易了。雍闿即利用这一点，煽动当地部族聚兵叛乱。雍闿带兵攻入益州郡（今云南晋宁）杀太守正昂，又通过东吴交趾郡太守士燮向孙权称臣。正昂被杀后，朝廷派蜀郡人张裔接任。

张裔到了地方，就被雍闿捆成了粽子送给孙权，作为见面礼。

孙权收到礼物很开心，当即任命雍闿为永昌太守，永昌郡在益州郡的西面，那里是蜀汉的国土。

雍闿收到孙权派人送来的任命状，更加张狂。雍闿还让在蛮夷中素有威望的孟获到处串联。牂牁太守朱褒、越巂夷王高定先后叛变，响应雍闿。

雍闿揣着孙权的任命状来到永昌，却吃了闭门羹。此时永昌郡吏吕凯与府丞王伉率领军民闭境坚守。在牂牁、越巂、益州纷纷叛乱，地处偏远的永昌又与成都音讯不通的险恶形势下，吕凯等永昌军民依然坚守不屈，奉蜀汉正朔。两年后，诸葛亮南征到永昌，听说了吕凯等人坚守孤城守义不屈的事迹，十分感动，在给皇帝的上书中，连连称叹永昌人的忠诚坚贞。

南方动荡，诸葛亮却并没有立即出兵。他深知此时蜀汉连遭大败，又新丧元首，急需休养生息，此时动兵时机未到。所以，面对南方雍闿等人的跋扈骄狂，诸葛亮选择了暂时隐忍。先定守局，再图进取，方为上策。

诸葛亮派兵封闭通往南中各郡的关隘，把主要精力用来恢复国力，发展生产。诸葛亮执掌蜀汉大权后，力主与东吴恢复盟好，联吴抗魏是他的一贯立场，这倒不是诸葛亮多喜欢孙权，而是形势所迫，不得不如此。与强大的魏国对抗，两国只有联合一条出路，蜀汉需要东吴，东吴同样需要蜀汉，两者的关系唇亡齿寒。这一点，魏国刘晔早已看出。刘晔能看出来，诸葛亮、孙权自然也明白这个道理。事实上，两国之间的外交和解早在猇亭夷陵之战不久就开始了，但出乎很多人意料的是，主动提出和解的并不是刘备而是孙权。

章武二年（222）十二月，孙权派太中大夫郑泉到白帝城访问，刘备随后也派太中大夫宗玮回访，刘备去世，孙权还特意派立信校尉冯熙到蜀汉吊唁。有了这些基础，诸葛亮开始着力恢复与吴国的盟好。

对与吴国恢复邦交，蜀汉内部并非没有反对的声音，原因是孙权不可靠，从孙权以往的经历看，这是一个为自身利益，翻脸比翻书还快的家伙。孙权跟刘表有杀父之仇，但为了荆州，刘表死后，他马上派鲁肃去慰问；他跟刘备是盟友，结果盟友关羽攻打襄樊，他从背后下黑手。赤壁之战前，他跟曹操关系很好，但为了地盘，立即与曹操翻脸。他联刘又反刘，降曹又叛曹，借荆州的是他、夺荆州的也是他，捧曹操的是他，骂曹操汉贼的还是他。

尽管孙权有以上种种行为，但对诸葛亮而言，他没有更好的选择。三国鼎立的形势，就是二弱抗一强，两国要想谋生存求发展，只有联合。

此时蜀汉同时面对两大强敌，出兵东征夺取荆州，并不现实。对蜀汉而言，眼下最实际的是生存而非开疆拓土。曹魏是篡夺汉室的奸贼，势不两立，可以争取的只有东吴。而东吴不堪曹魏压迫，也希望改善与蜀汉的关系。

诸葛亮相信，孙权为了自己的利益，是愿意与蜀汉联合的。但两国之前既然已经兵戈相向，想谈和也绝非易事。虽然刘备跟孙权已经为此做了铺垫，但要真正实现邦交正常化，还是有很多事要做。联吴抗魏，事关重大，担当此任者，需机智、聪敏，有辩才。诸葛亮一直为找不到合适的人选而苦恼，直到有一天一个人的出现。

说起此人也是大器晚成，此人姓邓名芝字伯苗，荆州义阳新野人，入蜀多年一直默默无闻，四处漂泊，寄人篱下，直到刘备到来，邓芝才时来运转。一次，刘备到郫县视察，碰巧遇上了在此地管粮库的小官邓芝，就跟他聊了起来，几番交谈后，刘备发现邓芝思维敏捷、谈吐不俗，是个人才，当即提拔邓芝做了郫县县令。不久因政绩卓著，邓芝又被提拔为广汉太守，成为一方封疆大吏。

从一个落魄士人到坐镇一方的两千石高官，邓芝的人生发生逆转，而这一切都要归功于刘备的赏识提拔。因此，邓芝对蜀汉可谓忠心耿耿，对刘备的知遇之恩更是心怀感激。

刘备称帝，邓芝被召入朝任尚书，成为天子近臣。当诸葛亮为出使东吴的人选而犯愁时，同样为帝国前途忧虑的尚书邓芝主动找到诸葛亮说出了自己的担心："如今国家贫弱，主上富于春秋，应派使臣与东吴修好，共抗曹魏，才是上策。"诸葛亮看着邓芝微笑说："此事我考虑很久，只是一直未找到适合的人选，今天才有了合适的人。"邓芝忙问是谁，诸葛亮笑着说："就是您了。"

建兴元年（223）十月，邓芝以中郎将的身份出使东吴，望着邓芝远去的背影，不知诸葛亮会不会想起十四年前，他也是在兵败长坂万分艰难的情势下，出使东吴寻求结盟。十几年过去了，蜀汉虽在西南建国，但仍是三国中最弱小的，这就决定了蜀汉必须有一个盟友，而不能两面出击。

汉贼（魏）不两立，只剩东吴了。

对三国形势，曹丕同样洞若观火，所以尽管曹魏与东吴经常爆发边境武装冲突，曹丕甚至派兵南下三道伐吴，两国使节仍往来频繁，曹丕这么做的目的就是不希望蜀汉与东吴走到一起，两国不和，受益最大的就是魏国。

精明的孙权对三国之间这种微妙的关系也是心知肚明，所以他打败了刘备，又主动求和，与之保持接触。与曹丕也不彻底翻脸，仗照打，礼照送。孙权费尽心思玩平衡，就是想从中捞到好处，抬高自己在谈判桌上的地位。

但这种两面讨好、两面都不得罪，左右逢源的小把戏，注定不能长久。

孙权的小聪明，曹丕明白，诸葛亮更清楚。于是，两方都不断向孙权施压，让他表明立场。

邓芝到了江东，却一连好多天都得不到孙权的召见。很显然，孙权避而不见，又在耍滑头。他既想缓和与蜀汉的紧张关系，又不愿与之过分"亲近"，以免刺激魏国。这些年，孙权一直脚踏两只船，他也习惯了这种生活。当孙权还在纠结时，邓芝帮他下了决心。

孙权迟迟不露面，邓芝就猜出了八九分。不能再等，邓芝决定主动出击，他给孙权上了一份表章，大意如下："我此次出使贵国是为恢复两国盟好，而大王不知为何，迟迟不愿召见，我这次来不单是为敝国，也是为了吴国。"

孙权看了表章召见邓芝。双方见面后，省去寒暄，直奔主题。

孙权说："孤（孙权自称）诚心愿与贵国重归于好，但贵国主幼势弱，所以有些犹豫。"孙权说的是实话。

邓芝从容对答："蜀汉与东吴占据四州之地（蜀汉有益州，东吴占据荆州大部，加上扬州、交州），大王乃当世英雄，诸葛丞相也是人杰。蜀汉有险固山川，吴国有长江天险，我们两国各有优势，如两国联合，进可席卷中原，退可鼎足而立。大王您又何必仰人鼻息向仇敌称臣！

"大王您向曹魏称臣，魏国定会让大王您到洛阳朝觐。即使您不去，也会让您的太子去。如不答应，魏国就会以此为借口出兵。到时，我们蜀汉顺流而下，那时，大王能不能保有江东尚不可知。"

孙权被说动了，下决心重新与蜀汉和好，正式恢复两国邦交。

两国复交后，一次，邓芝奉命再次出使吴国。招待酒会上，孙权高兴地对邓芝说："等灭了魏国，天下太平，我们两国平分天下，那将何等快乐。"邓芝却说："天无二日民无二主，如果灭魏之后，大王您还不知天命所归（指蜀汉作为正统当然要统一天下），那就只有双方君主各修品德，大臣各尽职责，那时真正的战争方才开始呢！"孙权听了哈哈大笑说："想不到，您的诚实到了这样的程度啊！"孙权在给诸葛亮的信中写道："此前的两位使臣不尽如人意，和好两国的只有邓芝。"

第
六
章

诸葛南征

一、攻心为上南征平乱

蜀汉的南中，从建兴元年（223）开始叛乱，转眼三年过去了，南中叛乱依旧，但蜀地已今非昔比。三年，诸葛亮只用了三年，便把蜀汉帝国从秭归战败、刘备病亡、强敌虎视的困境中拯救出来了。

三年里，诸葛亮对内稳定朝局，迅速安定了连遭大败之后的蜀地人心；对外结好东吴，把东吴这个坐观形势的第三方拉到了自己这边。

诸葛亮还兴修水利、劝课农桑，关羽、刘备的大败，不仅丧师失地，还消耗了蜀汉本就不宽裕的家底。诸葛亮掌权后，休养国力。短短几年的时间，国库里渐渐有了积蓄。军队经过几年的休整，也逐渐恢复元气。兵精粮足，终于可以腾出手来讨伐南中叛乱。

丞相诸葛亮准备亲自率军平乱，却遭到丞相长史王连的反对，王连认为，对付南中蛮夷，根本不用劳烦丞相大驾，杀鸡焉用牛刀，只需派一员大将去足可胜任。

但诸葛亮很清楚，多年以来，南中便经常叛乱。先帝在时，经常是平叛的军队刚走，南中的大姓豪族就又起来闹事。自己今后的主要任务是北伐，这必将是一场长期艰苦的战争，收复旧都，克复中原，任重道远。蜀汉军队将悉数投入北伐前线。主力前出，后方自然兵力单薄，这就必须确保大后方的安全。有稳定的大后方，才能无后顾之忧倾全力北伐。

南征不仅仅是打仗平叛那么简单，这关系到大后方的长期稳定，斟酌再三，诸葛亮决定还是自己亲自带兵平叛。别人去，他不放心。

在军事部署上，诸葛亮决定兵分三路。东路军由门下督马忠率领，目标是牂牁郡的朱褒。马忠部的任务是从川南僰道进入牂牁，扫平朱褒叛乱，并取而代之，坐镇牂牁，担任新一任牂牁太守。这一路是偏师，兵力不多，却是诸葛亮安在南中的一颗重要棋子。马忠，益州巴西郡人，先帝刘备赏识的人，重用马忠，可以安抚蜀人。川中素有巴有将、蜀有相的说法，马忠也的确是个将才，是诸葛亮重点培养的对象，此次出征是小将马忠的第一次亮相。中路军由蜀汉的第二任庲降都督李恢统率。李恢是南中建宁人，其家族也是本地大姓。章武元年，蜀汉帝国第一任庲降都督荆州南郡人邓方去世后，刘备就把李恢派到了南中。

刘备之所以选中李恢，正是看中了其家族在当地的势力。李恢入选除了家世背景，还因为他的忠诚。李恢早在刘备刚入蜀时就主动来投，并助刘备成功说服马超归顺，为刘备入主益州立下大功。有本地人的优势，加之政治上可靠，李恢被刘备指定为第二任庲降都督，镇守南中。

刘备时代，南中就多次叛乱，邓方在时也仅仅维持表面安定。当时，刘备的势力尚未深入南中腹地，只控制了靠近蜀地的朱提郡。此后，刘备的势力逐渐向南中腹地渗透。刘备为管理南中，专门设立庲降都督，邓方是首任都督。邓方去世正值刘备东征前夕，刘备为庲降都督的人选着实费了一番脑筋，最后选定李恢。

刘备特意找李恢谈话，问李恢："先生以为谁接替孔山合适？"刘备本来已经内定了李恢，却故意设此一问，李恢也很聪明，他大概猜出了刘备的意思，当即毛遂自荐："臣不才愿为陛下守南中，朝中群臣似皆不如臣明晰南中形势，不知陛下以为如何。"刘备听了大笑说："我的本意也是打算派您去呀。"李恢当上庲降都督后，把自己的驻地设在平夷县，又向南中腹地推进了不少。中路军李恢部的任务是南下消灭益州郡雍闿。

东路军、中路军的两位将领都是先帝考核过的有能力有水平的"信得过干部"，西路军是此次南征的主力，由诸葛亮本人亲自率领。

诸葛亮的部署是这样的，自己统率南征军主力从西路先平灭越嶲郡的高定，然后再从侧翼包抄益州郡雍闿，与李恢夹击雍闿歼灭之。因为在南中的几股势力中，以雍闿的实力最强。三路大军约定在益州郡的滇池会师。

建兴三年（225）春，成都城外，旌旗招展绣带飘扬，数万大军整装待发，阳光照在将士们的铠甲上反射出令人目眩的反光。

后主刘禅率领朝中的文武百官出城来为诸葛亮送行。在举行了隆重的出征仪式后，刘禅和百官都回城去了，只有一个人留下了没有走，这个人就是诸葛亮的亲信——参军马谡。

马谡，字幼常，荆州襄阳郡宜城人，马良的弟弟。马良、马谡一共兄弟五人，个个都不简单，马氏家族在荆州也是大名鼎鼎的豪门。兄弟五人中，马良的才学最出众，弟弟马谡也是出名的才子，因为马良的缘故，诸葛亮对马谡也很关照，而马谡确有才学，被诸葛亮引为知己，成为其左膀右臂。能让诸葛亮看上的自然不是凡人，马谡虽然年纪轻轻，但在刘备众多文武中，却以知兵善谋著称。

马谡在蜀中先后担任绵竹、成都县令，越嶲郡太守，曾在郡县为官的经历让马谡对南中有了更深入的了解，加之马谡精明强干对事务有极强的分析能力，说出的话很有见识，颇具战略眼光，跟那些只会整天待在衙门里看地图夸夸其谈的士大夫有天壤之别。正因如此，诸葛亮很欣赏马谡，常与马谡商讨国家大计，特别是军事，而马谡也不负所望，总能提出真知灼见，帮助诸葛亮做决策分析，长期共事的经历让诸葛亮对马谡的才学赞赏有加，引为心腹。

像南征这样的大事，诸葛亮当然要找马谡商议，在出征之前的几个月里，两个人经常在一起研究各种细节，常常一谈就是通宵达旦。这次南征马谡虽然并没有参加，却是参与策划的主要参谋人员。即将分别的时候，诸葛亮说："这些年我们日夜谋划，现在我就要率军远征了，幼常，你还有什么要说的吗？"诸葛亮很了解自己的这个部下，知道他有话要说，所以有此一问。

果不其然，马谡说："南中叛乱已久，重山阻隔地势险峻，今天平定，待大军撤走，不久又反。现在您正准备倾国北伐。这些人如果知道蜀中虚实，就更难平定。如果将这些人全部杀死当然能免去后患，但滥杀不是我们仁德之师所为。用兵之道，攻心为上，攻城为下，心战为上，兵战为下。希望您能收降他们的心让他们心服口服诚心归顺，只有这样才能让南中长期安定。"诸葛亮对马谡的建议十分赞赏，这与自己的计划不谋而合。就算马谡不说，诸葛亮原本也打算恩威并用。

诸葛亮率领的主力西路军从成都出发，沿岷江南下到僰道然后折向西南经安上、新道，直到邛都一路向南。

诸葛亮的第一个打击目标是越嶲郡高定部。马忠率领的东路军随诸葛亮大军一道从成都出发，到僰道后才与诸葛亮大军分开。

三路大军中，只有李恢不用"出差"，因为他本人及所属部队就在南中，身为庲降都督，李恢统率的是地方部队。其他两路大军都是从成都出发，李恢的部队不需要长途行军，他们是直接投入战斗的，因为他们原本就在前线。

当诸葛亮和马忠的大军还在路上的时候，李恢已经跟叛军"接上火了"。

高定早在建安二十三年（218）就曾举兵叛乱，越嶲郡地接键为郡，高定曾趁着刘备北征汉中，率兵围攻键为郡的新道县，但被太守李严击败，一度被打得躲进深山啃树皮。很快，他又出来闹腾，而且比之前闹得更凶，自封为王不说，还派兵攻杀了越嶲太守焦璜，气焰十分嚣张。

所以诸葛亮把打击的矛头第一个对准了高定。此时高定也在分兵派将，高定自己守大本营——越嶲郡的郡治邛都城。

邛都东北的卑水是越嶲的门户，高定在这里布置了重兵，但他也做好了跑路的准备。邛都西南的定莋是从越嶲出逃的最佳路线，从这里到南中各地都很方便，高定事前安排自己的亲信准备好马匹、干粮，一旦战败就从这里逃跑。还有一件事让高定很纠结，那就是诸葛亮会走哪条路！

当时从成都到越巂郡主要有两条路：从安上进入越巂的"安上路"，这条路从成都出发沿岷江南下到僰道，然后再溯江而上走水路向西南到安上、新道、马湖，越过卑水再向西南到邛都。从旄牛进入越巂的"旄牛路"，这条路从成都出发向西南经江原、临邛、汉嘉、严道、旄牛南下到邛都。

安上路从成都到僰道的一段路况很好，也适合大军行军，而且还可以借助岷江走一段水路，坐船自然比走路要轻松多了，既省时又省力。但过了僰道再向西南就不好走了，因为这里处于长江上游，水流落差大不能行船，沿途山势险恶崎岖，大军很难通过。相对于旄牛路这条路既难走路又远。除了当地土人，很少有人走这条路。

旄牛路就要好走许多，而且要比安上路近，但这条路已经荒废很久。之前聚众造反的汉嘉太守黄元火烧临邛城后准备顺江东下走水路投奔孙权，所走的路线就是旄牛路成都到严道的一段，后来黄元被活捉的南安峡口就在汉嘉郡青衣江与岷江的交汇处。旄牛路从成都到严道畅通无阻，但从严道开始到旄牛的一段路已经荒废很久。当然也可以修，只不过需要时间。

安上路路远又难走，却是当时从蜀中进入越巂的主要通道。

　　高定不知道诸葛亮会走哪条路。反正只有两条路，那就两条路都派人。高定犯了一个最愚蠢的错误，分兵应战。本来他就那么点兵力，现在又分兵三处，力量更弱。很快谜底揭晓，诸葛亮走的是安上路。

　　诸葛亮之所以选择走安上路，是因为他没有时间，三路大军会师滇池的时刻表决定了他必须迅速进兵，时间很宝贵。诸葛亮的大军到达安上后与越巂太守龚禄率领的地方部队会合，两军合并一处向高定的老巢进发。

　　当高定看到诸葛亮的大军时，他预感到了大事不妙，但仍心存侥幸。这时，他想起了"战友"益州郡的雍闿。高定急忙派人向雍闿求救，让其赶快来增援。他相信雍闿会来救自己，现在大家同坐一条船，自己完了，雍闿也跑不了。诸葛亮的主力就在眼前，如果没有外援，自己坚持不了多久。

　　就在高定向雍闿发出紧急求救信号时，益州郡的雍闿也在紧张地调兵遣将，接到高定的求援信，雍闿也紧张了，正当他准备派兵的时候，部下报告，已被合围的李恢部又有新动向，好像要突围。

　　这让雍闿吃惊不小，李恢的部队就住在平夷县自己的正北方，还在诸葛亮大军未到时，双方就已经打了起来，不过李恢兵少被包围。现在李恢军又要行动，明显是要向诸葛亮大军靠拢。

　　这时又有部下报告东北方向也发现汉军，为首的主将是马忠，北面和东面都有汉军。当雍闿的援军从益州郡出发向西北方向的越嶲郡急行军时，高定的各部兵马也正在向前线集结。

　　诸葛亮率领大军到达越嶲后，并没有急于进攻，而是很有耐心地看着高定在那折腾。当看到高定将藏在深山老林里的部队源源不断地集中到越嶲的时候，诸葛亮会心微笑，这正是他希望看到的。

　　之前高定分兵守口被各个击破，诸葛亮取得了第一仗的胜利，现在高定学乖了又开始集中兵力，这一次他又上当了，诸葛亮之所以初战获胜不急于进兵就是给他充足的时间让他召集部下，目的与第一次正好相反，让高定的部队越集中越好。道理很简单：越嶲郡境内到处都是险峻的高山深谷，如果高定钻进山沟玩游击战，诸葛亮是没有时间跟他玩捉迷藏的，分兵搜山进剿费时费力，不如等高定把部队集中然后一举歼灭。

　　诸葛亮微笑注视着高定的一举一动，静静等待着决战的时刻。

　　等到高定将自己的部队集中得差不多了而雍闿的援军还在路上，诸葛亮指挥全军向高定发起了全面攻击。高定苦心经营的工事在汉军的猛攻之下转瞬之间便千疮百孔，大军迅速清除鹿角填平堑壕，弓弩手排成方阵轮番射箭，在弓箭手的掩护下，攻城部队架起云梯搭上城墙开始爬城，四面猛攻。

高定的部队抵挡不住一路败退，汉军趁势杀进城里，就这样高定的老巢临邛城被汉军占领，他的手下四散奔逃，诸葛亮不会给高定军喘息的机会，指挥汉军跟踪追击。高定一路败逃死伤大半，连妻子也成了汉军的俘虏。

就在高定被汉军追得走投无路四处乱窜时，雍闿的援军正好赶到，高定见到"姗姗来迟"的雍闿援军气就不打一处来。高定想你雍闿要是早一些到，我怎么会败得如此之惨。高定将满腔怒火都发泄到了雍闿身上，一气之下，索性将雍闿杀掉，吞并了雍闿的部队并把这支部队交给孟获统领。孟获，这位老兄将是后面故事的主角。

"可怜"的雍闿诚心诚意赶来增援，连敌人的面还没见着就被同伙给砍了。叛军连遭大败内部又发生火拼，士气更加低落，但高定依然决定死磕到底。

高定集合了被打散的残兵败将，又找到平时与自己关系不错的几个部族首领，从各部族拼凑几千人，来跟诸葛亮拼命。汉军没有再给高定逃命的机会，一场大战，高定部被汉军围歼，他本人也死于乱军之中。越嶲郡的叛乱以高定的彻底覆灭而告终，但战争远未结束。孟获率领雍闿和高定的残部一路向南逃跑。

在诸葛亮的主力与高定部激战之时，李恢的部队也与雍闿留下的部队展开激战。由于雍闿在当地势力很大，留下的兵也多，李恢军一开始仗就打得不顺利，李恢率领部队从驻地出发经味县向西南进军，在昆泽陷入叛军重围。

叛军人多势众，这时诸葛亮的主力军还在激战中，李恢几次派人突围出去寻找诸葛亮的主力但始终没有联系上，形势对李恢军大为不妙。尽管身陷重围与主力失去联系，但李恢却表现出大将风度，临危不乱，一面就地严密防守与叛军对峙，一面寻找打败敌人的机会，现在敌强我弱，不能强攻只能智取。

李恢是本地人，与叛军中的很多人都熟识。李恢派人放出风：我的部队粮食快要吃完了，我在朝廷做官实属不得已，并不打算和家乡父老为仇作对，之所以出兵完全是应付差事。叛军也是当地人，相信了李恢的话，日子一长对李恢军的围困就松懈下来，李恢趁叛军放松警惕戒备，集中部队突袭发动进攻，叛军猝不及防被击溃，随后，李恢率军乘胜追击，一直打到盘江。

马忠的部队进军顺利，没有遇到多少阻力，牂牁郡的朱褒在三郡叛军中实力最弱，所以尽管马忠的路线最长但遇到的抵抗却最弱。马忠军一路上势如破竹顺利地解决了朱褒，攻占了牂牁郡。当李恢军一路风尘赶到滇池时，马忠早已率军在那里等候多时了。

二、七擒孟获平定南中

再说一路南逃的孟获，他本打算顺着原路逃回味县，但这时得知李恢已先他一步占领那里堵住了他的退路。孟获只好改变路线往西南方向逃，逃到三缝，之后渡过泸水（金沙江）到青蛉，接着仍向着西南逃到弄栋，从弄栋向西可到叶榆，向东可到滇池。诸葛亮平定了越嶲郡高定部后，大军顾不上休整并不停留，沿着孟获逃跑的路线紧追不舍。

五月，诸葛亮大军到达泸水边的三缝，孟获早已渡过泸水向青蛉逃窜。诸葛亮大军已深入到南中腹地，这时正值农历的五月，一年中最热的季节。

诸葛亮率军南进渡过泸水，很快追上了孟获，二话不说上去就打，孟获也很干脆，打败了就跑，但这次孟获跑得慢了点被生擒活捉。诸葛亮与孟获的交战，因为罗贯中的通俗小说《三国演义》中浓墨重彩的描写而变得家喻户晓，其中诸葛亮七擒七纵孟获的故事更是广为流传妇孺皆知。

《华阳国志》曾记载了这么一个故事，诸葛亮抓住孟获后，让他到军营各处随意参观，让他看看朝廷军队的实力，希望他能知难而退。等孟获参观完，诸葛亮问他："我的部队怎么样？"那意思是看到了吧，就你那几个人还跟朝廷斗，赶快投降吧。谁知孟获却回答："以前不知道贵军的虚实所以打了败仗，现在我看到了贵军的部署，这并不难对付，如果放我回去重整军马再战，胜负尚未可知。"诸葛亮见孟获不服，便让手下将他放回，接着打，怎奈孟获实在不是诸葛亮的对手，又一次被打败活捉，但还是不服气。

于是，诸葛亮保持了高度的耐心又把他放回去，大家又接着打，就这样抓了放，放了抓，来来回回折腾了七次，最后，孟获终于心服口服明确表示再也不造反了。诸葛亮的攻心战取得了最后的胜利。

小说写得很精彩，可惜不是历史事实。七擒七纵不可靠，但诸葛亮收服孟获的过程却充满了曲折，其间必然经过激烈的战斗，而诸葛亮也肯定释放过孟获，不然这个顽固的家伙是不会服气的。孟获最后之所以甘愿投降，估计是被诸葛亮修理了一顿，心服口服，这才表示归顺。史书只记载了结果，却忽略了过程，而其中最精彩的部分恰恰是过程。

汉军渡过泸水后主要对付的就是屡教不改的孟获，汉军从北面、东面、西面对他形成了三面合围，但孟获利用南中复杂的地势地形与大军反复周旋。

诸葛亮三月从成都出发，四月平定高定，五月渡过泸水，但直到秋天才结束战斗。诸葛亮大军回到成都已是十二月将近年底，从南中到成都往返至少要两月，除去路上的时间，战争结束应该在九、十月间，高定、雍闿、朱褒在五月渡泸水之前就被扫平，从五月到九月的这几个月，诸葛亮基本上是在耐心"教育"孟获。其他叛军主力很快就被消灭，漏网之鱼孟获面对三路大军竟然能坚持四五个月，着实不简单，要知道他的对手可是诸葛亮，但能折腾的孟获最后还是被打服了。孟获归降了蜀汉，诸葛亮的攻心战取得了成功。随着孟获的投降，南征暂时结束了。

之所以说暂时，是因为南中在此后并不消停，留守此地的马忠深有体会，因为他的主要职责便是平定当地叛乱。但不管怎么说，大规模的叛乱再未出现过，在蜀汉时代，南中大体保持了稳定。

诸葛亮在平叛后，从当地征召青羌一万多人，并把这些兵编入汉军，在诸葛亮的训练之下成为一支精兵，号称飞军。考虑到之前的益州郡、牂牁郡、永昌郡、越巂郡地域过大，所部人口还多，其间豪族势力盘根错节，容易对蜀汉政权构成威胁，诸葛亮遂采取分而治之的策略，将益州郡改为建宁郡，任用本地人李恢担任太守；将越巂郡和永昌郡分出一块成立云南郡，任命抗敌有功的本地大姓永昌人吕凯为太守。

建宁郡是李恢与叛军激战的战场，云南郡是诸葛亮与孟获的主战场。在这两郡，诸葛亮全部任用忠于蜀汉并在当地有影响的汉族大姓担任太守。建宁郡太守直接由庲降都督李恢兼任，庲降都督的驻地也设在建宁郡。

之前率领军民坚守永昌郡的当地大姓人吕凯，被任命为新设的云南郡太守。吕凯的战友王伉也被提拔为永昌郡太守，两人同时封侯。

越巂郡的情况比较特殊，直到诸葛亮逝世，这里也没有完全安定。后来，张嶷担任太守，越巂郡才被彻底平定。

诸葛亮三月率军从成都出发，五月渡泸，当年秋天在滇池与李恢、马忠会师，平定南中之乱。之后，诸葛亮留下庲降都督兼建宁郡太守李恢、牂牁郡太守马忠、云南郡太守吕凯、永昌郡太守王伉等人留守南中。自己率大军北返。十二月，大军回到成都。

第七章

北伐中原

一、出兵北伐进取中原

诸葛亮平定了南中，又与东吴结好，他酝酿已久的北伐大计终于可以付诸实施了。出征之前，诸葛亮给后主刘禅上了一道表文，这就是青史留名的《出师表》。

在这篇名闻天下的《出师表》中，诸葛亮开篇先讲形势，说我们蜀汉国小民弱，外有强敌，接下来笔锋一转，但好在先帝留下的侍卫之臣、忠志之士，不忘先帝的恩德，希望报效陛下，言下之意，陛下不要忘了先帝创业的艰难，这些人都是先帝留下来辅佐您的。

在对刘禅做了一番委婉的批评后，诸葛亮对自己出征之后的人事安排做了分工，荆州集团的侍中、侍郎费祎、董允、郭攸之留在皇帝身边，辅佐刘禅，这是皇宫中的安排。同为荆州人的向宠被提升为中领军，统领宿卫兵马。

诸葛亮安排在皇帝身边的都是自己的亲信心腹，这就确保自己虽远征在外，不致于大权旁落。毕竟皇帝还小，而且不怎么贤德。接下来才是正题，诸葛亮恳请刘禅允许自己北伐中原报答先帝的知遇之恩。

后主刘禅当即准奏。诸葛亮回到相府，又把府中之事一一作了交代，长史张裔、参军蒋琬奉命留守后方。

建兴五年（227），诸葛亮亲统大军从成都出发北上汉中，参军杨仪、马谡等文武随行，诸葛亮在汉水北岸的阳平、石马一带安下大营。驻兵汉中，积草屯粮、练兵讲武，为即将开始的北伐做准备。

汉中经过诸葛亮的苦心经营，精心布置，已经成为一个防守坚固、设施齐全的军事基地。此后历次北伐，汉中都是北伐军的大本营。

汉中西通陇右、北接秦岭，坐镇汉中，可攻可守，实乃用武之地。建兴六年（228）年初，诸葛亮的第一次北伐即将开始。

诸葛亮为何要北伐，在三国史上，争议颇多，有人认为诸葛亮的北伐不过是以攻为守，只是一种积极防御，他并没有进取中原的雄心壮志，战争只是确保自身安全以及增强内部凝聚力的一种方式。

历史的真相果真如此吗？让我们用事实作出回答。在此之前，我先要表明自己的观点，那就是诸葛亮的北伐绝不是什么以攻为守，而是要进取中原，恢复汉家天下。当然这个过程注定充满了艰辛，但这也正是诸葛亮的伟大之处，知难而上。

熟悉刘备创业史的人都知道，刘备一生颠沛流离，始终处于弱势，从长坂兵败，到赤壁之战，再到入蜀、争夺汉中，遇到的对手，实力几乎都要超过他，但他退缩了吗？没有，与刘备志气相投的诸葛亮也是一个不惧强敌的勇者，蜀汉政权从一开始就是最弱的，当年困守荆州都要谋求发展，如今跨有两川，难道就只知闭关自守了？

蜀汉在三国中实力最弱，这就决定了只有不断进取，转弱为强才能在这个乱世生存下去，如果占个地盘就不思进取，那下场只能步刘璋的后尘，而诸葛亮当然不是刘璋，所以他要进攻。

三国鼎立只是暂时状态，统一是大势所趋，而三家都希望由自己来完成大一统，那就只有在战场上一决胜负，这也是为什么三国时代的战争如此频繁。没有谁天生就愿意打仗，打仗势必造成人口的减少、劳民伤财，但不打又不行。

闭关自守是没有出路的，只有打出去，开疆拓土才能生存下去并赢得胜利。这就决定了诸葛亮必须倾注一切出兵北伐。对于蜀汉来说，只有进攻才能生存！

北伐中原，面对强大的魏国，蜀汉需要数量庞大、训练有素的军队，而蜀汉人口不及对手的四分之一，兵源自然也不多，跟魏国甚至吴国比起来，蜀汉在兵力和后备兵员上很吃亏，数量上的不足只能靠质量来弥补。

经过几年的训练，诸葛亮终于将汉军训练成三国史上战斗力最强的步兵。因为蜀地不产战马，汉军基本是以步兵为主。

汉军在诸葛亮的精心训练下已十分精锐，但还有一个难题横在他的面前：魏国很强大，兵多骑兵更多，在冷兵器时代，骑兵的冲击力和机动能力是步兵不能比的，而诸葛亮的敌人魏军战斗力最强的就是骑兵。魏国占据中原，东北幽州、西北凉州盛产优良战马，魏国与北方的匈奴、鲜卑为邻，训练了数量众多的骑兵，其中的精锐虎豹骑更是闻名天下鲜有敌手。

地处南方的蜀汉和吴国就惨了，南方不产战马，而蜀汉要北伐就必然要与强大的魏国骑兵针锋相对。步兵打骑兵是个困扰中原政权千年的难题。

诸葛亮没有强大的骑兵，但他必须想出克制敌人骑兵的办法，而他所能用的只有步兵，就是步兵在数量上也不占优势。这就是诸葛亮面对的困境，经过无数个日日夜夜的冥思苦想，他耗费心力终于研制出克制魏国骑兵的三大法宝。

法宝一：史上最强悍的军阵——八卦阵

诸葛亮的八卦阵，经过小说演义的艺术加工，被传得神乎其神，被人为地披上了一层神秘的面纱。如果评比中国古代最具传奇也最神秘的阵法，八卦阵一定名列前茅。

八卦阵真有那么厉害吗？它的神奇之处在哪？成功的阵法

大都是在实战中总结出来的，实战中，不需要什么复杂多变的阵型变换，那些令人眼花缭乱的阵型，普通的士兵如何记得住？简单实用、便于掌握才是最主要的。

八卦阵说穿了就是一种骑兵、步兵、车兵、弓弩兵混合编成的军阵，并不神秘。诸葛亮设计这个阵法就是为了对付嚣张的魏国骑兵。

八卦阵的厉害之处就在于它是多兵种协同作战，每个兵种都有自己的优势也有自己的短板，而把各兵种结合起来使用，取长补短，让他们各自的优势发挥到最大，同时协同作战，可以最大限度地保护自己，这就是多兵种协同战术的厉害之处。八卦阵首先以快速机动的骑兵保护军阵的左右两翼，中间是步兵主力结成的方阵，阵前设置拒马作为阻挡敌人骑兵冲击的第一道防线，后面再用战车连在一起，组成阻挡敌人骑兵的第二道防线。战车兵组成的环形防御是对军阵最有效的防护。战车前后还有盾牌兵组成的"防空网"，遮挡敌人射来的弩箭。在盾牌兵的后面就是弓箭手、弓弩手，他们在盾牌兵的保护下，负责对攻阵之敌进行"火力压制"。

敌人的骑兵冲击军阵时，远处用强弩乱射，等敌人冲到眼前，先有拒马挡着，冲过拒马还有战车阵，战车上的车兵用长矛猛刺接近方阵的敌军骑兵，站在车上的士兵高度几乎与骑兵水平甚至还要高，这就不吃亏，而方阵内的弓箭手一刻也不闲着向外猛射，与此同时，骑兵从两侧包抄，接着方阵内的步兵从阵内冲出，对敌三面合围，从而将其一网打尽。这就是诸葛亮八卦阵的战术思想。

法宝二：弩机中的"战斗机"——诸葛连弩

诸葛亮在研究八卦阵的同时，对弩机也进行了改进，召集蜀中的能工巧匠制作出了可以连续发射十支箭的诸葛连弩。

弩最早在战国时代就已出现，弩是利用机械原理击发，比用人力发射的弓射程更远、威力更大，甚至可以射穿重甲。从它出现的那一天开始，弩就成了骑兵的天敌。操作弩机的步兵可以在三百米外对冲锋的骑兵瞄准射杀，而且因为是用机械发力，所以操作者不会很累，可以快速连续射击。

在诸葛亮之前，就已经有了连弩。到了汉代，经过几百年的改进，性能更加先进。只不过，对武器有更高要求的诸葛亮并不满意，又自己动手加以改进。经过改进的弩机，一次可以射出十支箭，一千架弩机瞬间就可以射出一万支箭，眨眼之间就可以把冲锋的敌军骑兵射成刺猬。

为确保弩机质量，每一架弩机上都刻有主管官员及经办人、工匠的姓名，一旦武器出现问题，可直接追查责任人。正是由于有严格的制度保障，才确保了汉军武器的精良。

普通的弩机射一箭就要重新上"子弹"，是单发，而连弩机一次就是十发，连发的，如果说一般的弩机是"单发步枪"，那么连弩就是"机关枪"，火力密集，足以打击魏军集群骑兵的集团冲锋。而诸葛亮的弩兵有上万人之多，而且这些弩兵被分成几组，第一组射完撤下去"上子弹"，第二组接着射，第三组做准备，如此保持"火力"的连续，分番迭射，不给对方骑兵以喘息之机。

诸葛亮南征归来还带回了一支弩兵，这是他平定南中后从南中征发来的一万多青壮年组成的部队，大部分是夷人，蛮有力气，考虑到人尽其才物尽其用，专门让他们操作踏张弩。这种弩虽是单发但射程远，与连弩构成远近搭配的交叉火力网，如此弩阵，令魏国骑兵闻风丧胆。

八卦阵、连弩已经够厉害了，但诸葛亮并不满足，他还有后招。

法宝三：最彪悍的路障——铁蒺藜

既然是打仗，那就什么情况都可能发生，战场上瞬息万变，毕竟打仗之前对方一般不会主动告诉你，我将在某时某地来打你，请你摆好八卦阵装好弩机等着我（约期会战除外），所以很多时候都是遭遇战。问题出来了，因为布阵需要时间，弩机只在远距离才管用，等敌人冲到眼前就只能临场应战了。

　　诸葛亮是个很细心的人，他考虑到了这一点，所以又改进了一种让骑兵头痛的新式武器——铁蒺藜。

　　铁蒺藜最早在战国就已出现，这是一种铁制的障碍物，也就巴掌大小，有四根刺，抛到地上尖刺朝上可以刺伤敌人，当遇到危险时就在路上撒铁蒺藜阻挡敌人的追兵，争取时间。

　　诸葛亮在前人的基础上加以改进，用最好的铁打造，保证铁蒺藜的杀伤力。经过诸葛亮改进的铁蒺藜，不论从哪个角度抛到地上总有一个脚朝上，另三个脚做支撑，铁蒺藜的脚锋利无比足以刺穿马掌，要是人脚踩上去基本是穿透脚掌，脚就完了。

　　两军对垒的时候，在阵前撒上铁蒺藜，敌人的骑兵就不敢近前。

　　诸葛亮训练军队改进武器的目的只有一个，那就是北伐。

　　对于实力最弱的蜀汉来说，从建国的那一天开始，就决定了蜀汉的立国之策就是进攻，向外开拓土地，尽管蜀汉面对的两个对手都比自己强大，尽管实力最弱，但更要以威武自强，这就是蜀汉的生存之道！

　　诸葛亮南征归来，后方大体稳定，接下来要考虑的就是他日思夜想的北伐大计。早在隆中时，诸葛亮就为刘备制定了兴复汉室进取中原的战略，即占据益州、荆州，利用有利时机，同时从益州和荆州两个方向向曹魏的关中和许县、洛阳发动进攻。

建安二十四年（219），从曹操手中夺回汉中后，刘备集团处于鼎盛时期，但刘备的崛起引起了曹操和孙权的不安，刘备占据汉中威胁曹操的关中，占据荆州威胁孙权的江东，为了对付共同的敌人，曹操与孙权这两个老冤家走到了一起。

三国时代，尔虞我诈权谋盛行，昨天还打得头破血流今天就把酒言欢，打打和和，说到底都是为了利益。孙权当年联合刘备打曹操，现在又联合曹操打刘备。

在曹操与孙权的夹攻下，关羽败亡荆州失守，刘备东征受挫又损失数万兵马，蜀汉元气大伤，接着蜀汉的南中又发生大规模叛乱，形势急转直下，蜀汉帝国处境艰难，诸葛亮几乎没有精力考虑北伐的事。

但诸葛亮接连打出几记重拳，外交上又把孙权拉了回来，内部平定了南中，国际国内形势大好，他终于有机会实践自己的北伐大计了。

诸葛亮决定到汉中筹备北伐，临走之前，还不放心那个"童心未泯"的后主，专门给后主刘禅上了一份表章即《出师表》。

在表章中，诸葛亮可谓面面俱到，大到国际形势小到宫廷生活无所不包，对这位不懂事的后主，可谓是煞费苦心，晓之以理动之以情。刘禅还不领情，左耳进右耳出，根本不长记性。诸葛亮也知道对这位后主不能期望过高，所以让费祎、董允等人留在成都处理国事，这才北上。

二、兵出祁山剑指陇右

诸葛亮早就将汉中作为北伐的大本营了。

建兴五年（227）春，诸葛亮来到汉中，开始调兵遣将，将各支主力部队陆续集中到汉中汉水以北的阳平（今陕西勉县西）、石马（今陕西勉县东）一带驻扎，在此训练士卒、囤积粮草，为大军的出征做全面准备。

汉中是蜀汉与曹魏边界上的战略要地。汉中形势险要，诸葛亮在汉中进可攻、退可守，这是一个理想的战略基地。

汉中地处关中之南、巴蜀之北，横在秦岭和大巴山脉之中。两列山脉平行耸立，东西横亘，秦岭高峻险拔，足以为关中南面屏障；大巴山浑厚绵长，足以为四川北面屏障。几条谷道穿越山岭，成为南北通行的孔道。

诸葛亮踌躇满志，他等待多年的时刻就要到了。他心怀汉室，一心要中兴汉朝，身为一位为理想而奋斗的政治家，诸葛亮不会甘心令蜀汉以一个地方政权的形式存在，当年在荆州兵微将寡四面受敌之时，尚且积极进取，如今有兵有将，岂可令曹魏篡据中原而汉天子却偏居西南一隅！

魏国虽强，却并非不能胜之。自古以弱胜强、以少胜多者比比皆是。官渡之战、赤壁之战就在不远之前。官渡成就了曹操，赤壁救了孙权，风水轮流转，说不定下一个就轮到诸葛亮了。

三国之中，蜀汉最弱，而强并弱、大吞小乃常势。闭关自守，只可偷安一时，蜀汉若想图存进取而兴复汉室，就必须北伐——主动进攻，在战争中壮大自己，守在蜀地只能坐以待亡。

诸葛亮辅佐刘备创业之时，曹操、孙权势力已成，然而刘备与诸葛亮顶住压力知难而进，取巴蜀、定汉中，最终与曹魏、孙吴鼎足而立三分天下。诸葛亮出山以来，一直就是以弱战强。

诸葛亮对自己即将面对的对手也十分清楚，以蜀汉现在的实力想一举灭魏，的确很难，所以在他的计划里，北伐要分三步走，这主要从他此后的进兵路线、主攻方向推测而得：

（一）夺取陇右

陇右在汉中西北，占领陇右，就等于砍断魏国右臂，因为魏国想要攻蜀，只有两个主攻方向，一是从关中，二就是从陇右，两路组成钳形攻势，对蜀汉的威胁极大。

陇右对于魏国，好比荆州之于蜀汉，蜀汉占据荆州可以从益州、荆州两路出兵对魏国形成钳形攻势。这样一说明大家就知道陇右的重要了，这是一块必争之地。后来邓艾攻蜀就是从陇右走阴平道长途奔袭成功，夺取陇右可攻可守，陇右就是第二个汉中。

从战略态势上，汉中处于魏国三面包围之中，魏军可以从陇右和关中东西对进夹击汉中，这就好比打架，敌人是两个人一左一右两边打你，双拳难敌四手，不免顾此失彼，打起来很吃亏。如占据陇右就可安心对付关中魏军，诸葛亮何等聪明，这点小账他当然能算明白。

诸葛亮五次北伐，四次主攻方向都是陇右，只有最后一次，为了迫使司马懿决战才进逼渭水。

诸葛亮的接班人姜维后来多次北伐，主攻方向也是陇右。这不是单纯的巧合，而是姜维继承了诸葛亮的北伐战略，先夺陇右断魏国右臂。蜀汉与魏国的战争中，陇右始终是主战场。

（二）以陇右为基地，东下占领关中

在东汉最严重的边患不是北方的匈奴、鲜卑而是西北的羌人，从东汉开国直到灭亡，西北始终是一个令帝国难以安枕的难治之地。

汉军曾长期在陇右、关中同羌人作战，与东羌、西羌交战

近百年，却始终占不到便宜，羌人甚至一度攻至长安近郊，威胁关中。面对羌人的军事压力，东汉朝廷一度打算放弃陇右，但幸亏有人指出陇右是关中门户，若放弃陇右，门户大开，关中恐怕再无宁日，朝廷这才取消放弃陇右的计划。只有占领陇右才能真正对关中构成威胁，居高临下获取决胜之机。

（三）以陇右、关中为基地东征中原

陇右特产——良将、精兵、战马。"陇"地之所以称为"陇"，得名于陇山。而所谓陇山就是现在我们所称的"六盘山"。中国古代有"东为左，西为右"的说法，因此陇山以西地区也就被称作"陇右"。

陇右在三国时代是军事家眼红的宝地。

这里出产的是良将、精兵、战马，这在打仗就像吃饭一般平常的三国时代，对各国的吸引，可想而知。

南北向的陇山将陇右与关中分割开来。由于陇山的分割，关中与陇右形成了不同的地缘文化。表现为关中以农业为主，陇右以牧业为主。陇山与渭河平原南部的秦岭整体呈丁字形相交，而渭河就是这两条山脉的分割线。

汉代以来，关西出将、关东出相，早已成为朝野共识。

陇右与匈奴、羌人为邻，边境常年烽火不息，百姓多为戍边军人或其后代，自幼耳濡目染，长期生活在金戈铁马的战争

环境下，因此，民风尚武，连妇女都能携弓带矢上阵杀敌，真正做到了全民皆兵。

一心想统一中原兴复汉室的诸葛亮，做梦都想将陇右"据为己有"。

这里还有一个让诸葛亮魂牵梦绕的土特产——战马，陇右是主要的战马产区。占据陇右，便解决了战马来源。诸葛亮之所以费尽心思研究连弩、铁蒺藜为的就是对付令人讨厌的魏军骑兵，要是自己有了精锐骑兵哪还用这么费事。要想有骑兵就得有战马，只要有马，至于训练那不是问题。

正因为陇右如此重要，诸葛亮跟后来的姜维才不遗余力一心要夺取之，将之作为拱卫汉中与进取中原的前进基地。抢占陇右，进可取中原，纵使一时难以灭魏，也可蚕食雍、凉，开拓疆土。即便退守，亦可在汉中外围增加一道防线，加大防御纵深。

夺取陇右、经略凉州是蜀汉长期以来的既定国策，从刘备时代就已形成。刘备曾对讨还荆州的东吴使者说，攻下凉州即还荆州，这虽是外交辞令，但也的确是蜀汉的发展战略。

从刘备对凉州人士的重用上，也可看出这点。马超来归，地位仅次于关、张而在诸将之上（这其中包括黄忠、赵云）。刘备之用意即在于，利用马超在凉州的号召力与影响，夺取陇右。

只是后来因关羽失荆州、猇亭之战未及进行。

诸葛亮后重用姜维、马岱，即是在继续执行蜀汉的这一既定方略。以姜维等"凉州上士"攻取陇右。

经过一年的筹备，大军出征在即。建兴六年（228），出征前，诸葛亮召集帐下文武，包括蒋琬、马谡、赵云、魏延、吴懿、杨仪、邓芝、陈式、吴班、高翔、王平，商议出兵方略。

诸葛亮的北伐战略是先取陇右再取关中，这是他从全局考虑做出的规划。先取陇右，可得地利。从陇右进兵大路平坦，相比从汉中取长安翻越秦岭，不仅路近而且补给便利。

关中长安乃魏国重地，有大军屯驻。而陇右地偏，兵马不多，更容易攻取。陇右民风强悍、百姓善战，是理想的兵源，这里又出战马，还是粮食产地。夺取陇右，是为北伐的前进基地。相比汉中，从陇右进兵更为有利。夺取陇右，有精兵补充，有战马扩大骑兵，有粮食就地补给。

了解这些，就能明白诸葛亮执意从陇右进兵的原因。

诸葛亮这次出兵的主攻方向是西攻陇右祁山，但大将魏延却提出了另一条进军路线，东出子午谷攻取长安，这就是三国史上著名的子午谷奇谋。

北伐是长期战争，不会很快结束。因此，诸葛亮的先陇右后关中的战略是长期的。而魏延提出从子午谷进兵直取长安的策略，很明显，他是想毕其功于一役，一战而定关中。这个想法过于冒险也不切实际。

魏延说只要给他一万人马，五千人打仗、五千人运粮，从褒中出发走子午谷道十天可到长安。

即使如他所说，十日能到长安，而且能顺利攻取，这已经是最理想的情况。但长安是仅次于洛阳的大城，魏国必起倾国之兵来争。汉军主力翻越秦岭路途艰险遥远，一两月也未必能赶到。

进兵路线是战术问题，但战术是为战略服务的，诸葛亮的战略是先取陇右，再定关中，进而席卷中原。

汉军先夺陇右可保侧翼安全，免除后顾之忧，再以陇右汉中为大后方与魏军争夺关中。这样既可避免被魏军两线夹击又进可攻退可守，处于有利地位。

魏延急于求成，但过于冒险，并不现实。他的计划够大胆，一旦成功也能起到出其不意的效果，但魏延如果真的打到长安，守将夏侯楙肯定会溜，但其他人如果坚守呢？长安是军事重镇，军队不会少，至少比魏延多，且占据坚城。长安乃前汉旧都，城高池深，非寻常郡县小城可比。魏延只有一万人，连长安城一个角都围不上。魏国援军一到，守军与援军再里应外合前后夹击，魏延虽是勇将也难以抵挡，到时不要说占长安，能保全性命就不错了。

而在魏延的计划里，魏国的援军二十天内根本到不了长安，这就有些一厢情愿了。按魏延的计划，诸葛大军必须二十天内从斜谷赶到长安，这几乎做不到。魏军主力是骑兵。汉军主力可是步兵，况且汉军是深入敌境，一旦在沿途遭遇魏军阻击，必定耽搁时间，而谁也不能保证不会发生这种情况。

诸葛亮大军按魏延的安排走斜谷（褒斜谷）。《郡国志》："褒谷，北口曰斜，南口曰褒，长四百七十里。"出谷三十里是郿城，再走二百六十里才能到长安。斜谷虽然比子午谷好走，但也好不了多少，曹操征张鲁时就走过，他对斜谷的评价是石穴。横穿暗无天日的石穴，忽上忽下，走出五百里山地，士兵也必定疲惫不堪。

丞相最后一次北伐，走的就是斜谷，花了足足两个月才走到郿城，二十天内走完斜谷还要再走三百里，耗时长久。

魏延的计划里有一个致命的漏洞，那就是，他的部队能顺利出子午谷吗？魏延为了保证自己的偷袭计划不让运粮队拖后腿，专门让五千人（占总兵力的一半）背粮食。山路本就难走，还要背粮而行，这运粮的五千人自己也要吃喝，一个人能背多少？几百里山路走下来，到了长安，不休整十天半月，部队难以恢复战斗力，而魏延是把这些人算作战斗部队的。就算这五千运粮兼战斗兵身体扛得住，带的粮食也不够一万人的份儿。魏延要面对的困难不只是粮食问题，他怎样保证部队十天时间走出六百多里的子午谷呢？

三国时代，步兵正常行军速度是一天三十里，这还是在平地，考虑到山路难走，还有五千背着粮草的兄弟们，要他们急行军六十里，这是一个几乎不可能完成的任务。

千里袭人，很难保密。长途突袭，第一是速度，以快取胜，时间越久暴露的危险越大。因此，突袭的主力往往是机动性强的骑兵。魏延想以步兵突袭，走的还是崎岖不平的山路，做不到快速也达不到攻击的突然性。

诸葛亮的进兵策略是声东击西，避实击虚！

北伐曹魏，诸葛亮思之良久，先陇右后关中进而东进中原的战略方案，既积极进取又谨慎务实。步步为营，稳扎稳打才是他的作战方针，对魏国这样实力雄厚疆域辽阔的对手，一两场奇袭是解决不了问题的，这个道理魏延却不懂。魏国的关中都督夏侯楙确是一个草包，但都督雍州凉州的镇西将军曹真却是一个厉害角色。敌人很强大，不可能靠偷袭取胜，必须分步走。

北伐首先要夺取陇右。把主攻方向定在陇右除了可以避开秦岭的高山大川，地势相对平坦有利进军，有西汉水的漕运，还因为这里是魏军防线上最薄弱的一环，此地魏兵很少。而且蜀汉建国以来，几乎从未在这里出现过，敌军对诸葛亮大军的动向也没有察觉，攻击陇右可以打敌人一个措手不及。

攻其无备，以多打少，路又好走，陇右简直是最理想的战场。而诸葛亮的计划不仅仅于此，他还有更大的目标。夺取陇右是北伐胜利的关键所在。丞相这一生最后的岁月都在为陇右操心。如能夺取陇右，形势就将大为不同。诸葛亮接下来的北伐就会顺利很多。夺取陇右后，以陇右为基地，居高临下攻取关中。陇右与关中本是一体，陇右一失，关中失去屏障，魏军也难固守。只要夺取陇右，长安便不难攻取。占领长安之后再举兵东向，大军出潼关，直取洛阳，完成兴复汉室，还于旧都的夙愿。

诸葛亮的计划堪称完美，如果不是关键时刻用错了一个人，他几乎成功了，至少第一次北伐是如此。这个人大家都很熟悉——马谡，他失败的地方叫作街亭。

正式进兵之前，诸葛亮先放出风声，扬言自己要出兵斜谷直取长安，并派手下大将镇东将军赵云、扬武将军邓芝领兵出箕谷，故意制造声势，伪装成主力，做出向长安方向攻击的姿态以吸引对面关中魏军主力的注意。

曹真果然上当，当他得知赵云率兵一路向郿县杀来，不敢大意，马上率大队兵马前往斜谷堵截。赵云的偏师成功地把魏军吸引到自己这边，为诸葛亮率领的主力赢得了机会。

声东击西。

丞相成功走出了第一步，将魏军的注意力引向关中，自己则出敌不意，率主力大军直驱陇右。

魏军的防线上出现了一个巨大的漏洞，诸葛亮见曹真中计，率军迅速出击，兵锋直指祁山。

祁山地处陇南，属凉州的天水郡。当汉军主力突然出现在祁山时，陇右的魏军惊得目瞪口呆，他们想不明白，汉军主力不是去了斜谷吗？这里怎么又有了汉军？

眼前的这支汉军，军容严整，号令严明，一看便知是训练有素的精锐部队。而陇右的魏军基本是地方部队，战斗力跟诸葛亮率领的中军主力根本不在一个档次上。实力对比悬殊。

慌乱中，天水、南安太守逃入关中，各郡县顿时陷入混乱。加上诸葛亮兴复汉室的政治攻势，陇右的地方豪杰们还是很识时务的。很快，陇右的南安郡、天水郡、安定郡响应诸葛亮，归顺蜀汉。

整个陇右只剩陇西郡、广魏郡还在魏军手里。形势对诸葛亮和他的北伐军一片大好，估计他自己也想不到开局竟会如此顺利！

三、功败垂成街亭之战

为了尽快解决战斗以便分出精力应付接下来的大战，诸葛亮决定分兵出击，将大军分成三部，向各部下达总攻击令：

命令前军魏延、吴懿领兵三万对当面据城顽抗之敌发起总攻，务必尽快破城，结束陇右战斗。魏延、吴懿得令后不敢怠慢，立即分兵包围陇西郡、广魏郡，架起云梯日夜攻城。

诸葛亮令马谡、高详等领兵三万抢占战略要地街亭、列柳城一线，固守陇山要隘封锁陇道，阻止关中魏军的增援。丞相再全力围攻祁山和上邽两个关键点。只要把这两个战略位置拿下来，整个陇西将连成一片，数万大军就能重新聚拢，集中兵力！

诸葛亮要执行阻击任务的马谡务必坚守到攻城部队胜利，现在能否守住陇道成为决定成败的关键。

一旦让魏军突破防线，魏军的援兵就会源源而来，正在前面攻城苦战的汉军就会腹背受敌，三郡也会得而复失，能否全身而退都成问题。

陇右与关中都属黄土高原，形成千沟万壑的地形，地貌起伏不定，山地、丘陵、平原、谷地并存，四周为山系环绕。

　　曹魏从关中出兵增援陇右，实际上只有两条谷道可选，一是走险峻逼仄的陇山道，二是走陈仓渭水道，其余只能翻山越岭，速度慢。现在，双方都在抢时间。

　　诸葛亮的汉军要尽快平定陇右，以便集中主力对抗随之而来的关中魏军主力。而魏军中了诸葛亮的声东击西之计，又得知陇上三郡已经归汉，全线陷入被动。

　　从关中增援陇右，地势上是一路爬坡，而且可供选择的路并不多。其中，陇道的西口就是街亭，陈仓渭水道的西口则是上邽，而诸葛亮让马谡固守街亭，他本人亲自围攻郭淮于上邽，以实现对陇道的彻底封堵。

　　此刻魏国的五万援兵已经在路上，正在昼夜兼程赶来，领兵的是名将张郃。大将军曹真也在赶去长安准备接替夏侯楙，督中军和关右兵去堵箕谷的赵云。

　　此时司马懿正在荆州与东吴开战，在街亭与诸葛亮对阵的不是司马懿而是大将张郃。

　　魏军沿关陇大道一路向西狂奔，张郃军经汧县进入汧陇古道，他打算沿此路进陇山，从陇山的缺口处——街亭进入陇右。

　　战争进入决胜的关键时刻，决定战争胜负的焦点就是对陇山通道的控制权，如果汉军牢牢控制陇道，要不了多久就可以完全占领陇右。到时，即使魏军援军攻来，生米煮成熟饭，诸葛亮没有后顾之忧可全力对付关中魏军。

对魏国来说，如果不能打开陇道，陇右的失守就是注定的。因此战争双方的注意力都集中到了陇山的通道——连接陇右和关中的咽喉要地——陇道。作为陇道重要关口的街亭在今甘肃秦安县东北陇城镇的街泉亭。街亭位于天水东北陇山与关山的交会处，是关中到天水的必经之地，也是历史上陇右防御关中进攻的咽喉要地、著名的古战场。

魏国的关陇指关中和陇右，关中为雍州，陇西为凉州，魏蜀两国隔秦岭对峙。虽然关陇和汉中地形平坦，利于大兵团行动，但中间的秦岭却是山高水险，道路崎岖，是一道天然屏障，使双方在没有完全优势的情况下都不敢轻易发动进攻。

关中四塞之地，人口众多，自古就是用武之地，占领关中，东向可进取中原，南下可威胁宛城、襄阳，北上可攻并州，魏国必死保关中。陇右处于关中上游，居高临下，自古就有守关中必守陇右的说法。所以魏国输不起，陇右势在必争。

在张郃援军向西急进的同时，诸葛亮也在紧张地调兵遣将，他预料到张郃的部队是骑兵速度很快，必须在敌人之前抢先封锁陇道。

诸葛亮命令马谡、王平、高详的阻援兵团占领关中进入陇右的咽喉地带街亭、列柳城，阻击魏军的增援部队，不使其进入陇右解救被围攻的各郡。

在选拔主将时，军中将领都倾向于久经战阵的老将吴懿、魏延，但诸葛亮却出乎众人意料地将防守街亭的重任交给了长期从事参谋工作、从未带兵打过仗的参军马谡。

关中陇右一带地形险要，自古就是兵家必争之地，而当地千山万壑，陇右和关中的地理界线就是陇山，不论是从陇右往关中打还是从关中向陇右打，陇山都势在必争，而守住陇山的隘口也就控制了陇山，掌握了战争的主动权。

但赶到街亭的马谡并未在当道扎寨，而是选择在山上安营。正是这个错误的决定令形势大好的北伐功亏一篑。

诸葛亮的部署是据城池坚守阻挡魏军，街亭是有城池的，马谡只要执行诸葛亮的命令，守住城池，将魏军堵在街亭，令其不得过，给陇右攻城的汉军争取到足够的时间便是大功一件。

守城并不是多难的事情，诸葛亮充分考虑到马谡之前从未指挥过大兵团作战，所以给他的这个任务虽然重大，难度却不大。只要遵令而行，便能立功。

马谡是诸葛亮的心腹，多次参与重大军事谋划，两人常常能不谋而合，多年来，配合默契，诸葛亮认为马谡能够准确理解并严格执行他的命令。因此，诸葛亮才将镇守街亭的重任交给马谡。

可是，马谡却令诸葛亮失望了。在大本营，在地图上谋划，与在战场上实际指挥是不同的。诸葛亮谨慎起见，已经告知马谡，据城而守。可是，马谡在关键时刻却没有遵照明令执行，擅自变更部署，将部队拉上街亭附近的南山，放弃了现成的城池。

本来守住城池便可建功，但马谡偏偏要上山，这个举动说明他不满足于守，他想攻，复制定军山的辉煌。但南山不是定军山，张郃也不是夏侯渊，他更不是法正。马谡只看到了南山的险峻却犯了一个致命的错误，南山地势虽高，却没有水源。

不久之后，张郃率军赶到街亭，他很快就发现了马谡布阵上的错误，切断了汉军的水源。结果，山上的汉军军心大乱，马谡在街亭只守了一天就被魏军击溃，街亭失守。

危急时刻，好在王平临危不乱，据守营垒坚守不动，张郃不明虚实，加上已经打了胜仗便见好就收，收兵回营。马谡这才有机会收拢溃散的部队撤退。街亭被魏军攻占，形势急转直下。

此时的汉军分成三部，马谡部已溃散。魏延、吴懿分散在各地围攻陇右未降各城，诸葛亮在上邽封堵郭淮。

街亭失守，全局动摇。本来占尽优势的汉军现在前有坚城后有强敌，腹背受敌。尽管心有不甘，诸葛亮还是下达了全军撤退的命令，汉军迅速收拢撤回汉中。

本来大好的形势因街亭的失守而功败垂成。已经到手的三郡和即将要到手的整个陇右又拱手让出。诸葛亮的第一次北伐因街亭的失利而草草收场。他将西县千余户百姓迁往蜀汉，大军缓缓退回汉中。

西线诸葛亮大军主力撤退的同时，东线赵云军也传来败报，赵云被曹真大军围攻也在败退之中。赵云驻军的箕谷，缘其谷口而上是赤岸，经赤岸北上可到武功、五丈原，而五丈原西面即是绥阳小谷，绥阳小谷往北是陈仓。陈仓自汉初以来即是军事重镇，当时魏国驻扎陈仓的兵力相当雄厚，暗渡陈仓之鉴在前，魏人不能不防。

陈仓在箕谷之左，郿城在箕谷之右，而赵云对箕谷赤岸之上的绥阳小谷地形却不甚熟悉，加上陈仓、郿城两地敌军的夹攻，疑兵之计反被魏国利用绥阳小谷夹攻赵云军于箕谷，所以诸葛亮有"不戒之失"之语，不戒之失的原因之一是：赵云军对绥阳小谷的地形缺乏了解。况且赵云军本是疑兵，兵力并不多，当曹真大军席卷而来时，抵挡不住也正常。史载赵云"敛众固守，不至大败"，赵云的退兵之计是：烧毁赤岸以北的阁道，以阻止曹真军的追击。

以诸葛亮春秋责帅之言而自贬三等，为何赵云仍贬官镇军将军？大概因为他烧毁的阁道，乃诸葛亮苦心经营的赤岸府库的要道，修复困难，所以纵使不追究赵云的箕谷兵败，也要追究赤岸退兵的方法是否过当，一百余里的阁道需要多少人力与物力才能修复，诸葛亮多年经营的心血付之一炬，必须追究。

南安、天水、安定三郡得而复失，但诸葛亮此行并非一无所获，他找到了军事上的接班人——凉州豪杰姜维。

姜维，字伯约，凉州天水人。诸葛亮大军杀来时，天水太守马遵正带着姜维和功曹梁绪、主簿尹赏、主记梁虔等人随雍州刺史郭淮在外视察。马遵听说汉军已到祁山，附近郡县官民纷纷归顺汉军，他害怕了，觉得身边这些本地人靠不住。这时姜维的家乡冀县已归顺诸葛亮，马遵认为姜维等人不可信任，难保这些人不会把自己捆了去诸葛亮那里立功请赏。

在得到消息的当天夜里，马遵也不和姜维等人打招呼，连夜跟着郭淮向东逃往上邽。

天亮后，姜维等人一觉醒来才发现太守不见了，大家四处寻找，将周围能找的地方都找了个遍，连太守的影子也没见到，众人一致认定太守丢下大家自己跑了。几人聚到一起，觉得太守肯定是往上邽跑了，因为天水郡的郡治虽在冀县，但冀县在上邽的西北，离诸葛亮大军很近，而上邽在天水郡东南，靠近渭水，一旦诸葛亮的军队打来，在上邽更容易逃。姜维等人一路追着太守来到上邽，但这时的马遵已是草木皆兵，看谁都像叛徒，谁也不相信，根本不让姜维等人进城。

姜维等人没有办法只好回到冀县。这时冀县已经决定投奔诸葛亮，推举姜维做代表来见诸葛亮，就这样姜维来到诸葛亮大营表示愿意归顺。但不久，街亭兵败，汉军匆忙撤退，姜维等人来不及回冀县接出家眷，就跟着诸葛亮撤回汉中，此后姜维就与在冀县的母亲分隔两国。

诸葛亮很喜欢姜维，认为姜维是不可多得的将才，将他看作自己的接班人。姜维对诸葛亮的知遇之恩也很感激，从此效忠蜀汉直到生命的最后一刻。

留在魏国的母亲思念儿子，托人给姜维捎去一封信，信里什么都没写，只有一味中药——当归。姜维之母想念儿子，希望他能重返故国回家团聚，但他已决心追随诸葛亮。姜维给母亲写了回信，信中写道："良田百顷，不在一亩，但有远志，不在当归。"表达了自己兴复汉室效忠蜀汉的决心。姜维离开冀县后再也没有回到母亲身边。诸葛亮去世后，姜维继承诸葛亮的遗志继续北伐。

在给后主刘禅的奏疏中，诸葛亮坦然承担了战败的主要责任：自己指挥失误，用人不明，并主动提出降级三等，请求免去丞相之职。

诸葛亮自己以身作则。后主刘禅让诸葛亮以右将军的身份代理丞相。

将军张休、李盛因临阵脱逃被斩首示众，将军黄袭虽打了败仗但作战英勇，因而从轻发落，但也被夺去兵权。参战的将军们几乎不是杀头就是降职、贬官，在一片处分处罚的压抑气氛中，只有一人例外，不仅没降职反而还升了官，这个人之所以与众不同，并不是因为他是诸葛亮的亲信，其实他原是降将，此人就是王平。

街亭之战，马谡全军溃散，只有王平的部队守住大营，临阵不乱。要不是王平挡住了张部军，后果不堪设想，损失可能会更大。

诸葛亮向来执法公正、公开、公平，不论亲疏，一视同仁。王平退敌立功，战后由裨将军升为讨寇将军，封亭侯，加拜参军，统领由南中青羌组成的一万精锐部队。

诸葛亮功过分明，让所有的人心服口服，没有话说。街亭战败主要责任人——马谡当然难逃法网。马谡是人才，但他违背军令，丢失街亭，依律当斩。诸葛亮心疼马谡，但军令如山，为严明法纪，下令将马谡斩首。

北伐的失利让蜀汉内部许多人对北伐的前景失去信心，但诸葛亮本人并没有因为一次失利而灰心丧气。回到汉中后，他继续训练人马、打造兵器、积蓄粮草，等待时机再次北伐。

四、兵围陈仓声东击西

建兴六年（228）春，诸葛亮刚刚结束第一次北伐，就在当年冬天，距上次出征不到一年，再次发起第二次北伐。

与第一次北伐筹划近一年准备充分不同，第二次北伐的特点是：第一，发起突然，十一月上书，十二月出兵。第二，行动迅速，一月结束，二月撤兵。

仅就第二次北伐的过程看，似乎难以明白诸葛亮的意图，这需要联系当时的局势才能明白。诸葛亮的第二次出兵很明显是在策应东线战场。

因为就在当年九月，吴国大都督陆逊在石亭大败魏军东线主帅大司马曹休。曹休十万大军中了东吴的诈降诱敌之计，结果深陷重围，差点全军覆没，幸得救援及时，才得以突围而出，但也损失惨重。曹休回去后羞愧交加，不久便一命呜呼。石亭距汉中两千多里，消息传到汉中已是两个月之后，诸葛亮得知消息，认为良机难得，便上表后主，得到准许于十二月迅速出兵，目标是渭水北岸的陈仓。

诸葛亮率军仅用二十多天强行军一千多里，赶到陈仓，随即发起攻击，相持二十余日后，诸葛亮又突然撤军。魏将王双率兵追击，被诸葛亮设伏斩杀。

诸葛亮的第二次北伐，发起突然，结束迅速。表面上的目的很明确，策应东吴，而结果也证明很成功。

曹魏方面不得不将原本准备用于荆州战场的张郃部从前线调回，紧急增援陈仓。诸葛亮调动魏军、策应东吴的目的已经实现。而曹魏西线主帅大将军曹真全程处于迷糊状态，诸葛亮为何而来他不清楚，为何撤兵他也不知道。

事后，为遮羞，曹魏方面大言不惭地说他们早就料到诸葛亮会出兵陈仓，因此特意派郝昭去守才挡住诸葛亮云云，明显是给自己脸上贴金，你要是真事先猜到，你会在陈仓只放一千多人？还特意从荆州前线调来张郃，这明显是手忙脚乱，才从荆州调兵。

建兴七年（229）正月，诸葛亮从陈仓撤兵，第二次北伐结束。几乎与此同时，这年正月，汉军大将陈式率军出汉中向西进攻武都、阴平。

陈式攻击二郡的时候，诸葛亮正率军从陈仓道转祁山道，再次强行军一千多里，于当年初春赶到祁山道口的建威，阻挡正要去救武都、阴平的魏雍州刺史郭淮。原本郭淮是要去打陈式的，见诸葛亮大军突然出现，自知不敌，迅速撤走，在诸葛亮的策应下，陈式顺利攻取武都、阴平。到这里，真相才浮出水面。丞相的二次北伐又是声东击西之计。

诸葛亮佯攻陈仓，名为策应东吴，实为掩护陈式攻取二郡。第二次北伐与第三次北伐彼此呼应，首尾相接。先行东进，做出策应东吴的姿态，将魏军的注意力吸引到东线，而后潜行千里，长途奔袭，千里跃进，挺进西线，收复武都、阴平，为再出祁山做准备。

诸葛亮率数万汉军在一百多天的时间里强行军两千多里，先奔袭一千里佯攻陈仓，再奔袭一千里，助攻武都、阴平，一系列行动漂亮精彩。

汉军始终处于主动，制人而不制于人，全程掌握战争节奏，魏军只能疲于奔命，被调动来调动去，全程处于发蒙状态，直到汉军成功攻取武都、阴平，这才知道上当，原来蜀兵攻陈仓是假，攻略陇右是真。不过，这时魏军明白过来也为时已晚，武都、阴平已经插上汉军的旗帜。

汉军是以步兵为主，在严冬酷寒的情况下，完成数千里奔袭，殊为不易。也只有治军严整的诸葛亮才能创造这种步兵千里奔袭的奇迹。

反观魏军，全程都晕头转向，被汉军牵着走，所有的反应完全都是被动的。

诸葛亮第一次北伐，声东击西，以赵云出东路大张声势，给人的印象是汉军的目标是长安，从而成功吸引魏军在关中的主力，骗过曹真。而诸葛亮自己亲率汉军主力走祁山大道直取陇右。曹真尚且被蒙在鼓里，陇右的魏军就更没有准备了。加上天水、南安、安定的三郡军民群起响应，形势一片大好。丞相的这次声东击西之计整个过程谋划细致，部署得当行动迅速，堪称教科书级的经典战例。

诸葛亮第二次北伐，再次声东击西，故技重施。不过，这次是诸葛亮亲自出兵东线诱敌，而真正的主攻是西线的陈式。

丞相吸取第一次北伐失利的教训，从此尽可能亲临一线靠前指挥，凡事亲力亲为，北伐事关全局，派别人他也不放心，之前的马谡，也是谈论军机头头是道，在身边历练多年，本以为马谡是知己，明白他的谋略规划，能够贯彻他的部署，可担大任，结果街亭丢失，第一次北伐功亏一篑。这以后，丞相丝毫不敢大意，更何况丞相本身做事谨慎。

诸葛亮以主力部队出陈仓诱敌，而只派陈式率少量军队去攻武都、阴平，这又是出奇兵制胜的经典。因为按常识，担当诱敌任务的通常不会是主帅以及主帅统领的主力部队，只需派一员大将领轻兵执行即可。但诸葛亮知道，有了第一次北伐的较量，要想再让曹真中计，必须再次出奇，这个奇即是反其道而行之，以主力诱敌，而以轻兵主攻。

因为丞相以数万精兵迅速出击，猛攻陈仓，诱敌之计做得过于逼真，不由得魏军不信，曹真再次中计。曹真急忙派费曜带兵援救陈仓，而曹叡甚至从直面东吴的荆州召回张郃，紧急派出三万中军主力支援西线，而等张郃赶到，诸葛亮早已从容退走。退也不能轻易地退，诸葛亮充分利用魏军的心理，于路上设伏，阵斩前来追击的魏将王双，大胜而归。

魏军接连战败，屡次中计，令西线主帅大将军曹真深感大失颜面。

相同的情况，相同的策略，曹真却始终被牵着走，两次掉进同一个坑里，不郁闷是不可能的。

虽然官方一再粉饰，但只能是越描越黑，欲盖弥彰。恼羞成怒的曹真开始酝酿他的报复计划，于是就有了次年的三路攻蜀兵进汉中的战事。

策应东线，有很多路，诸葛亮为何选择出兵陈仓？

诸葛亮出汉中，去关中或陇右，从左到右依次为：祁山道，通往陇右。陈仓道，通往关中陈仓。褒斜道，通往关中郿县、五丈原一带。骆谷道，通往关中。子午道，通往长安。

既然要策应东吴，当然要尽可能偏东。而祁山道通向陇右，位置偏西，八个月前才去过，魏军也肯定加强了防备。褒斜道在赵云上次退兵时被放火烧了百余里，道路不通。骆谷道道路艰险，靠近长安，距武都、阴平过远，不利于后期的奔袭。子午道，要直面长安，会遭遇曹真主力，而且距武都、阴平更远。走陈仓道，首先能转祁山道去武都、阴平，这是最重要的，因为本次出兵的最终目的是夺取武都、阴平；其次走陈仓道不用直面长安魏军，风险较小；最后，策应东吴，能把雒阳的魏军拉到一千里外的陈仓，减轻东吴压力，可谓一举三得。因此，走陈仓道是最合适的。

汉军走陈仓道，出散关，渡过渭水，才能抵达陈仓。陈仓城并非在陈仓道口，而是在渭水北岸。即使汉军攻占陈仓，也不会长期据守。陇右的郭淮可以沿陈仓渭水道东进，而长安的曹真、张郃可以从水路西进，陈仓汉军会陷入合围。攻取陈仓，此时意义不大。

诸葛亮的二伐三伐是一个整体计划，是精心设计的连环计，佯攻陈仓，实为取武都、阴平。名为呼应东吴，实为声东击西之计。

诸葛亮第一次北伐已经用过一次声东击西，成功让曹真上当。而诸葛亮第二次北伐故技重施，还是声东击西，再次令曹真中计。曹真心里苦呀。诸葛用兵，千变万化，防不胜防。

怀着一丝忐忑不安，孙权向成都派出了自己的使者。果然，蜀汉朝臣听说孙权登基称帝，一片哗然。大家群情激奋，只有诸葛亮始终表现得很平静。这早在他预料之中。

诸葛亮很务实，面对情绪激动的人们，他耐心地做起了众人的思想工作：孙权有称帝之心已经很久了，国家之所以容忍是要借助其牵制魏人。若是与其绝交，孙权怀恨在心必然与我为仇，如此则我多一敌而魏少一敌，有损国家大计。有人言江东君臣既得荆州，志得意满，无心北伐，一味限江自保。此看似有理，实则不然。东吴与我盟好则魏人不得专力于我，兵势必分。彼虽有兵数十万，然需守三边（蜀汉、东吴，还有北方的鲜卑、乌桓）数千里之界，兵势一分亦利于我军北伐。纵然孙权无北伐之志，但两国盟好，则我军无东顾之忧，此亦有利于国。

建兴七年（229）六月，蜀汉特使卫尉陈震到达武昌。作为蜀汉的代表，陈震除了向孙权表示祝贺并承认孙权的合法性之外，还有一个更重要的使命：巩固盟好，最好能签个同盟书之类的书面文件。而这也是孙权所希望的，这时的孙权比以往任何时候都需要蜀汉的外部支持。而诸葛亮的北伐同样需要孙权的配合，双方一拍即合。

很快一份由东吴方面起草的友好互助同盟条约就在武昌签订了。在这份著名的盟书中，先是把两国共同的敌人曹魏痛骂一番，接下来，在孙权的暗示下，盟书的作者将诸葛亮狠狠吹捧一番。

孙权明白自己称帝，在蜀汉必然引起不小的风波，如今蜀汉能派特使来祝贺承认自己，幕后的支持者必然是诸葛丞相。

在盟书里，双方还就打败魏国后的领土划分达成协议——中分天下。原属魏国的豫州、青州、徐州、幽州归东吴，兖州、冀州、并州、凉州归蜀汉，剩下的司州两家平分。

诸葛亮三次北伐斩将夺城，汉军在西线的频频出击，令魏国上下头痛不已。而一个人更是对此恼怒万分，此人就是诸葛亮的对手，负责关陇防务都督雍凉的大将军曹真。一向自视甚高的曹真不肯善罢甘休。

当年冬天，诸葛亮将自己在汉中的大本营迁到了南山高原上，这座南山乃是南郑县西南五十里米仓山的西脉。南郑县城正北对着的就是褒斜道的南口。如果魏军走褒斜道，出了谷口就是南郑城。

诸葛亮将大本营搬到了地势更为险峻的沔水南岸的南山上，这里远离道口可以避开魏军的直接冲击，且有沔水和高山做屏障，相当于护城河和城墙，而且沔水比一般的护城河要宽，南山更是高不可攀，远非普通城墙可攀爬。

大本营设在这里，有沔水和南山两个易守难攻的天然屏障更保险，而且距前线也近，方便就近指挥，既靠前又安全，实在是指挥部的最佳位置。

诸葛亮勘察地形后下令修建汉城和乐城两座坚固的防御要塞，作为整个汉中防御体系的两个支撑点。

汉城即沔阳（今陕西勉县东），是从阳平关经武都、祁山进入陇右的必经之路，建汉城不仅可以增强汉中的防御还可确保出祁山攻陇右这条战略通道的畅通。

乐城（今陕西城固东）在南郑东面，从这里出褒斜谷可以直接进攻关中，但褒斜道的南段褒谷，山高路险非常难走，步兵通过容易，但辎重转运要翻山越岭，最难走的路段简直没路，两边皆是悬崖峭壁，只有栈道可通。

栈道是在悬崖绝壁上开凿一些菱形的孔穴，孔穴内插上石桩或木桩，再在上面铺上木板或石板。为了防止这些木桩和木板被雨淋变朽而腐烂，又在栈道的顶端建起房亭（亦称廊亭），这就是阁，也叫栈阁。

第一次北伐退兵时，为了阻挡尾随的追兵，赵云放火烧毁了这段栈道，栈道烧了容易，再修就难了。

从城固的许家庙进入北山经小河口小路可到江口，溯江而上过赤崖就进了箕谷、斜谷而到郿县。对双方来说，这条路都是势所必争，而走褒斜谷东面的子午谷、傥骆谷，进入汉中也要经过城固。

这里是三条路的交通枢纽，三路魏军必在此会合。

诸葛亮修乐城就是要在汉中的防御线上多设一座闸门。魏军走了几百里的山间谷地，相当疲劳，正要进入平地，猛然发现前面路口处矗立着一座坚城。走了数百里崎岖山路的魏军疲惫不堪，而守在城上的汉军以逸待劳，可以从容"招呼"城下这些远道而来的"客人"。

诸葛亮为魏军考虑得"非常周到"。

乐城扼守谷口，也就是汉中大门，只要守住这里，敌人就休想进入汉中。而如果打不下汉中就只能退回去，后面就是刚刚走过的几百里山地。到这时，进退两难的入侵之敌也只有用头去撞墙的份了。

汉城、乐城当道而立，进可直逼关中，退可扼守险要阻挡敌兵。诸葛亮的防御可谓天衣无缝。但他还是觉得不保险，又在汉中谷地外围的崇山峻岭上依山势修了许多大小不一的堡垒要塞作为外围工事。之前镇守汉中的魏延已经修了一些堡垒，诸葛亮在魏延的基础上加高加厚。经过他的精心设计，一个堡垒林立、有外围有纵深的坚固的山地防御体系终于建成，以汉城、乐城为中心，加之外围的堡垒，内外呼应，相互依托支援，构成一个风雨不透的堡垒要塞群。

　　果不出诸葛亮所料，不久，边境传来消息，魏军在关中集结重兵有入侵迹象。曹叡听从了大将军曹真的建议，准备对蜀汉还以颜色。

　　为了这次进攻，曹魏方面做了精心准备，大将军曹真、骠骑将军司马懿，还有之前立下大功的大将张郃都在出征之列，精兵良将齐聚长安。汉魏边境上，烟尘滚滚、大军云集，魏军主力集中于西线，大战在即。

　　建兴八年（230）秋，魏国倾国而出，十几万魏军兵分三路杀气腾腾向汉中席卷而来。

　　大将张郃率军出子午谷，大将军曹真率军出斜谷，骠骑将军司马懿领兵从西城乘船溯汉水而上，三路魏军齐头并进。

　　魏军预定的会合地点在诸葛亮刚刚建成的乐城。魏军的意图是分进合击，一举打下汉中，然后直奔成都。

　　大将军曹真、大将张郃已经是老熟人了，但司马懿还是第一次上场。说起诸葛亮的北伐就不能不说司马懿，两位都是主角，司马懿姗姗来迟，因为之前他一直在荆州，这次，魏主曹叡特意把他从荆州前线调回来。

　　虽然司马懿来得晚点错过了前面的几场好戏，但好菜不怕晚，司马懿成为这场战争中仅次于诸葛亮的"二号首长"。在罗贯中的小说里，诸葛亮的北伐一开场就碰上了司马懿，但实际上直到此时两人才第一次出现在同一战场。

尽管两人已经十分接近，最后还是失之交臂，并未交手，原因在于连绵的秋雨。面对气势汹汹的魏军，诸葛亮很淡定，因为他早就做好了准备，所以不慌不忙地从容遣兵派将。

诸葛亮将主力集中于赤坂，因为三路魏军不管走哪条路，这里都是他们的必经之地。他提前来到预定战场，扎下大营，严阵以待，等待与魏军的厮杀。

本来大家都做好了准备，一场大战在所难免，但连绵的秋雨却浇灭了即将点燃的战火。魏军进入秦岭时是农历八月，正赶上秋雨季节，远道而来的魏军就像赴约会一样不早不晚地与从天而降的大雨来了个"亲密接触"。

铺天盖地的大雨让魏军猝不及防，山间谷地也无处避雨，可怜十几万魏军就这样被浇成了落汤鸡。更让魏军郁闷的是，这场雨下起来还没完，一连下了十几天，一点停的意思都没有。十几万人就这么天天在雨水里泡着，也没法换衣服，换下来也没用，很快也会湿的，苦大兵们每晚只能穿着湿漉漉的衣服和衣而卧，连生火取暖都办不到，因为草木也是湿的，根本点不着。十几天过去，魏军已经被折磨得快要崩溃了。

主将曹真的日子也不好过，这场仗本来是他要打的，劳师动众，集结十余万大军，耗费不计其数的钱粮，走了几百里山路却连敌人的影子都没看到，一点战果都没有，这样退兵回去，自己颜面何存。丢脸还在其次，对皇帝和满朝文武也不好交代。但不退兵，眼下这形势就算到了汉中，部队也打不了仗。退还是不退，曹真左右为难。

魏国的这次远征从一开始就不顺，出兵前，内部意见就不统一。以司空陈群为代表的朝臣反对南征，理由是蜀道艰险，十余万大军，粮草供应堪比蜀道难于上青天。出兵攻蜀，漫长脆弱的补给线是最薄弱的环节，一旦大军粮道被断，十几万人又退不出来，结果就只有全军覆没。但大将军曹真坚决要打，曹叡也拗不过他。

结果陈群的话应验，自曹真出兵后，为保障大军的粮草供应，整个关西的百姓包括当地的少数民族都被动员起来帮大军运输物资，还要自备大车，本来山路就难走，又遇到这样的糟糕天气，累死的百姓、牲畜的尸体沿途到处都是，被折磨得走投无路的百姓只能坐在路边绝望地哭泣，哭声响彻山谷。

出兵已有一月，路才走了一半就已兵疲民困、怨声载道，前线的曹真也不知如何是好。按下他不说，后方朝廷早就吵开了锅，纷纷向魏主曹叡上奏章打报告，这仗不能再打了。

魏主曹叡只好下令让曹真班师，曹真憋了一肚子气，但也无可奈何，只好打道回府。西城的司马懿一路沿沔水逆流而上水陆并进。到了丹口，司马懿也被大雨淋了个够，正在他叫苦不迭的时候，接到了曹真退兵的命令，于是，司马懿顾不得去跟诸葛亮会面，赶紧撤军。

曹真很沮丧，但诸葛亮的心情却很好，因为他刚刚收到一份捷报，陇右战场刚刚结束了一场战斗，汉军大获全胜。

就在魏国几路大军南下的同时，诸葛亮为了减轻汉中正面压力，派大将魏延、吴懿领兵进入陇右做牵制性进攻。

镇北将军魏延、关中都督吴懿奉命率军进入魏国南安郡，意在打乱魏军三路攻蜀的部署，迫使魏军回援。

汉军在阳溪谷（今甘肃武山西南）与魏国后将军费曜、雍州刺史郭淮所部遭遇。汉军主将魏延、吴懿与魏军大将费曜、郭淮彼此早已十分熟悉，此时此地遭遇，不需多说，直接开打，两军在阳溪展开激战。魏军主将郭淮常年驻防于雍凉，手下多是身经百战的精锐骑兵，郭淮以此在与羌人和蜀汉的战争中屡建战功。这次，郭淮故技重施，挥动军旗进行指挥，上万魏军铁骑呐喊着冲向汉军大阵，魏军骑兵一路奔驰带起的烟尘遮天蔽日，高速冲锋的骑兵彪悍生猛，气势逼人。

魏军骑兵速度很快，渐渐逼近汉军，汉军主将魏延和吴懿却毫不慌张，这两位将军的自信是有原因的，因为此次出征他们是有备而来，蜀中不产战马，所以汉军是以步兵为主，跟与骑兵为主的魏军开战很吃亏，但这次诸葛亮给这支部队装备了大量的弓弩，尤其是连弩，秘密就在这里。

魏延布阵时就知道魏军定会用骑兵来冲阵，他早有准备，第一排盾牌手将大盾竖在阵前保护大阵，后面是三排弓弩手，再后是长矛兵，军阵的两翼由骑兵保护，骑兵前也有张弩上箭的弩手，右边的向左前方瞄准，左边的向右瞄准构成交叉"火力"。

魏军骑兵进入弩机射程的那一刻，魏延举起指挥旗猛地一挥，数千支弩箭离开弩机射向冲来的魏军，不断有魏军中箭栽下马，剩下的继续往前冲，魏军本以为冲过去到了跟前就可以解决对面的弓弩手，但射来的弩箭却一阵紧似一阵，丝毫没有停顿的意思。汉军阵内，第一批弩手射完后蹲下上"子弹"，第二排站前来举起弩机瞄准射击，第三排则做发射前的准备，如此循环，再加上汉军用的是连弩，射速快、火力猛，一口气十连发，让敌人连喘息的机会都没有，很快，汉军阵前就躺满了魏军骑兵和他们战马的尸体。

魏军终于崩溃了，不由自主地向后退，魏延见时机已到，大喝一声，下达了总攻击令，中央步兵方阵超越弓弩手从阵内冲出，两翼骑兵从两边包围魏军。

一场混战，汉军大获全胜，将魏国的大将郭淮、费曜打得丢盔弃甲满地找牙。虽然相对于大军云集的汉中主战场，这里的战斗只是"中小规模"，却是两军精锐的一次真正对决。因为下雨的缘故，两军主力会战未成，反倒是作为偏师的两支人马打得激烈异常。主角成了配角，配角却阴差阳错成了主角。

虽然是偏师，但精锐部队向来不需人多，尤其是双方领兵的主将都是最能打的绝对主力，蜀汉方面的魏延，在关羽、张飞、马超、赵云、黄忠"五虎上将"相继去世后成为蜀汉第一大将，且魏延能上位既没背景也没关系，全靠实力，那真是在战场上一刀一枪拼出来的。

吴懿也是蜀中名将，论资格比魏延还老，先在刘璋手下后投奔刘备，刘备还娶了他的妹妹。吴懿是先帝刘备的大舅哥，屈指可数的名将，谁都知道汉中是蜀汉帝国的门户，所以历来守此地者都是国之良将，非有将帅之才不能当此任。而魏延和吴懿就是蜀汉帝国的汉中第一、二任守将，这足以说明两人的能力和在蜀汉众将中的地位。

诸葛亮派这两位猛人出场，从一开始就是打算从侧翼狠揍魏军，从魏军的侧后腰眼上狠狠捅上一刀，诸葛亮相信魏延和吴懿的实力，而他们的确做到了。而魏军方面并非没有准备，曹真在陇右留下郭淮和费曜，此二人在魏军中的地位丝毫不亚于魏延、吴懿。

郭淮早年是夏侯渊的军司马，夏侯渊死后，他留下来一直在雍、凉，先是围剿韩遂及羌人。诸葛亮第一次北伐的街亭之战，郭淮攻击高详的列柳城立下战功，战后被晋升为雍州刺史。费曜也是常年驻守凉州的老将。战后，魏延因功升前军师、征西大将军，假节，封南郑县侯。魏延还是蜀汉的凉州刺史。虽然凉州还在魏国人手里，但自从刘备那会儿就已经将凉州看作必取之地。夺取汉中后，下一个目标就是凉州。

汉中守护益州，陇右护卫汉中。刘备任命的首任"凉州刺史"便是马超，马超自弱冠便追随其父马腾转战于陇右关中。刘备让马超做凉州刺史，目的就在于利用他的威望夺取凉州，可惜马超英年早逝。之后，魏延接替了马超。与魏延一起出战的吴懿也被晋升为左将军。

随着魏军主力的撤退，曾一度战云密布的汉中也解除了战备警戒。这一次是魏攻汉守，魏延的进攻只是牵制性的，所以不能算作诸葛亮的北伐，实际上诸葛亮加上后来的两次，一共也只有五次北伐。但因《三国演义》的广泛流传，至今许多人仍津津乐道武侯的"六出祁山"。

诸葛亮的前三次北伐和与魏军的四次交战主战场几乎都在凉州陇右一带。战场也是他事前选好的，这也再次说明，诸葛亮的北伐是有计划分步骤的。

诸葛亮的北伐不是以攻为守而是全力进攻，而魏国很大，必须步步为营，先陇右，后关中，最后再东出平定中原还于旧都，实现兴复汉室的理想。

魏军虽退，但战争并没有结束。因为诸葛亮的北伐是国家战略，既定国策，必须打下去，而接下来他将遇到真正的劲敌司马懿。

曹真在三路攻蜀失败后就病了，一年后死在雒阳。不过，曹真真正的死因，可能是郁闷，做诸葛亮的对手实在太痛苦了，千防万防还是防不住，接连掉进对方挖好的坑里，好不容易申请打一次反击，动员十多万军队，阵仗搞得很大，弄出一个三路伐蜀，结果在山区遇上连绵的大暴雨，硬生生被浇回来。"反击战"未打成，反而成为全国人民的笑柄，连憋气带窝火，一口气未上来，直接找曹休作伴去了。接替曹真的是司马懿。接下来，是司马懿的"受虐"时间，也是司马懿人生的至暗时刻。

说起来，不论是曹真还是司马懿，在曹魏阵营都是顶尖的牛人。从来都是他们虐别人，没谁敢虐他们。但遇上诸葛亮，他们就抑郁了。

很快，司马懿就会理解曹真的痛苦，简直是苦不堪言。这种苦只有亲身经历过的人才懂。

为何接班的是司马懿？曹丕死前指定了四位顾命大臣：曹

休、曹真、陈群、司马懿。曹休在石亭大败而归，回去不久就抑郁愧疚而亡。曹真也在三路攻蜀失败后连憋气带窝火，撤兵不久便病倒，第二年郁闷地死去。剩下的两位，陈群是纯文官，托孤大臣里能带兵打仗的只有司马懿了。

五、大军对决智斗司马懿

建兴九年（231）春，诸葛亮从汉中出发，开始第四次北伐，目标仍指向陇右，诸葛北伐的第一战略即夺取陇右。

趁曹魏很多地方半年不雨，再利用曹魏不能放弃陇右的心态，吸引魏国援军从关中奔赴陇右，然后以野战一举歼灭之，赶在曹魏动员第二批援军之前，占领陇右。

诸葛亮兵进陇右，身为魏国雍凉都督的司马懿又必须援救陇右，魏军补给线只能从关中拉长一千里到陇右，所以上邽之麦就成为魏国援军最直接的粮草来源。

这导致汉魏双方抢夺上邽之麦，成为第一场重头戏。不过《汉晋春秋》的记载，却产生了一个误导。"乃使西屯长安，督张郃、费曜、戴陵、郭淮等。宣王使曜、陵留精兵四千守上邽，余众悉出，西救祁山。"这个记载让很多人误以为，上邽似乎就在长安附近，司马懿派费曜、戴陵，应该还包括郭淮率四千人驻守上邽，其余军队随他往西援救祁山。

实际上，长安在关中，上邽在陇右。而魏军从长安出发，走陇山道出街亭，抵达上邽，要走三四百公里。

诸葛亮兵出祁山，魏雍州刺史郭淮已屯兵上邽，属雍凉都督司马懿管辖，但司马懿担忧汉军割取上邽的小麦，便分兵两路，费曜、戴陵率四千人，先走数百里的陈仓渭水道援救上邽的郭淮。司马懿本人率其余军队走一千里的陇山道，赶往陇右。

张郃想要分兵驻雍、郿，司马懿说："料前军能独当之者，将军言是也；若不能当而分为前后，此楚之三军所以为黥布禽也。"

张郃建议司马懿分兵是有道理的，属于吸取教训，毕竟上次诸葛亮出兵陇右祁山，就是让赵云从褒斜道出关中。但此一时彼一时，关中雍、郿，距陇右上邽近一千里，一旦分兵，前后相距太远，就可能导致被各个击破的结局，再加上关中也是有驻军的，所以司马懿拒绝分兵建议也属正常。

魏军兵分两路，司马懿先派费曜、戴陵率兵四千走陈仓渭水道，援救上邽的郭淮。而司马懿本人则率主力走陇山道赶往陇右。郭淮固守上邽，随后费曜、戴陵率四千人来到上邽。

诸葛亮听说费曜、戴陵抵达上邽，知道司马懿快要来了，就留下部分兵力围攻祁山，亲自率军从卤城出发，往东北进攻上邽。孙子曰"故我欲战，敌虽高垒深沟，不得不与我战者，攻其所必救也"。

郭淮、费曜、戴陵被迫出战，诸葛亮一举击破魏军，魏军退回上邽，蜀军大举割麦（五月芒种，四月可以割麦）。然后，诸葛亮往东遇上司马懿，双方对峙，不久，诸葛亮就撤退了。

魏军还在隃糜，听闻诸葛亮要亲自来割麦，"皆惧"。这时，司马懿站出来说，诸葛亮这个人考虑很多，会先安营扎寨，然后割麦，而我们两天就能赶到。但从隃糜出发，走陇山道去上邽，路程有七百里，司马懿说两天能到上邽，是几乎不可能的。

轻骑兵一日一夜三百里，勉强可以，但主力部队步骑混搭，即使强行军日行百里，七百里也要七天，这个时间足够诸葛亮割麦了。

诸葛亮先安营，再割麦？那只是司马懿的一厢情愿。而诸葛亮本人并没有在上邽停留，他留下兵力在上邽割麦，自己率军往东北深入到广魏郡。司马懿"晨夜赴之"后，出街亭，抵达略阳。

稍后，司马懿认为诸葛亮"不敢据渭水"，渭水在上邽以北，可他刚"进次汉阳"，突然与诸葛亮相遇。

汉阳就是天水郡，东汉为汉阳郡，曹魏改名天水郡。司马懿与诸葛亮在天水相遇，依然发生在渭水以北。诸葛亮的确是没有"据渭水",而是在渭水以北的天水。

司马懿在相当长的时间里，都没有踏入上邽所在的天水郡。上邽往东是陈仓渭水道，所以准确地说，诸葛亮是往东北，再向北遇上司马懿。

汉军正在上邽割麦，上邽东北几十公里外，诸葛亮与司马懿两军正在对峙。

汉军在抢收麦子，但司马懿居然"列阵以待之"，他的正常反应，应该是立即发起进攻，不给汉军从容收割的时间。可是，司马懿却停住不动，一点也不急，他好像忘了他是来干吗的了。要抓紧时间的是司马懿，而不是诸葛亮。汉军需要的就是拖延，拖到成功收获麦子就赢了。但司马懿是来阻止汉军的，可他却"列阵以待之"，他在等啥呢？难道等汉军收完麦子，然后向远道而来的汉军挥手告别吗？

诸葛亮率领汉军在上邽以外行动，甚至往东北深入到隔壁的广魏郡，从略阳到渭水北岸，与司马懿始终保持接触，但又不决战，边打边走，一路往南。诸葛亮是在争取时间，以保护在上邽割麦的汉军能够安全撤退。

诸葛亮割完大部分麦子后，就撤回祁山一带，而司马懿随后赶到上邽，麦子大多已被汉军收走。魏军只能可怜巴巴地在地头拾麦穗。司马懿然后接着跟踪诸葛亮来到卤城。《魏书》吹司马懿"赖得此麦以为军粮",可惜"赖"不了多久,就杯水车薪,"陇右无谷",司马懿只能让郭淮从羌胡征集粮草运往前线。

诸葛亮撤退时,魏军也是"粮亦尽",证明司马懿获得的上邽之麦非常有限,羌胡调粮也不是很给力。而从接下来卤城之战的发展看,上邽之麦对诸葛亮来说非常重要。

卤城之战,诸葛亮先故意陷入包围以诱敌,再一举击破敌军的钳形攻势。

卤城之战,魏军闭门自守,诸葛亮在各种不利条件下,想尽办法引诱魏军出战。

诸葛亮不惜让粮道被魏军切断,主动陷入魏军的南北包围,最终成功诱使司马懿和张郃从南北两个方向,对汉军发动钳形攻势。会战中,诸葛亮向北击破司马懿,往南击退张郃,重创魏军,粉碎其南北包围而大获全胜。战后,司马懿只能率军从卤城北沿木门道败走,退回上邽,而诸葛亮重新夺回了战场主动权。

诸葛亮在这场会战中,在谋略、战术、治军各方面,都展现出卓越的军事才能。

解析卤城之战,必须要了解卤城的地理形势。卤城夹在上邽与祁山之间,而西汉水从祁山道而出,自南向东北,连接祁山和卤城。从上邽沿木门道到卤城,要一百多里,卤城距祁山二十里，而祁山恰恰是卤城之战中，最容易被忽视的。

祁山扼守数百米外的西汉水，是魏军的防御重地。汉军围困祁山，可以保护粮草走西汉水，漕运通往卤城。而诸葛亮在第四次北伐期间，自始至终没有攻取祁山，他把祁山当作了杠杆。守在祁山上的魏军将领则是贾嗣、魏平。

司马懿为何一定要到上邽乃至卤城来找诸葛亮？原因在于：如果司马懿不来陇右，待在关中，诸葛亮就有时间从容攻取陇右。

祁山的魏军被围困，司马懿身为雍凉都督，不能视而不见，肯定要出兵救援。陇右很多地区半年不雨，仅存上邽之麦，可大部分又被诸葛亮夺去，司马懿得到的很少，很快就军粮告罄，曹魏计划从关中运粮往陇右，但经陇山道要走一千里。

而司马懿解决后勤需求的办法，是让郭淮从羌胡就地征粮，自己则先依靠剩下的不多的上邽之粮，奔赴卤城。此时张郃建议司马懿：我军应打持久战。祁山被围将士知道援军就在附近，人心自然安定。只要停在上邽，我军分兵抄蜀军后路，诸葛亮就会缺粮而不得不撤兵。

上邽到卤城的路就两条，一条是木门道，另一条是铁堂狭道，都是狭窄的谷道。木门道略宽，距卤城约一百二十里，走哪条路终点都在卤城以北。

魏军想从上邽抵达卤城，抄蜀军的后路，怎么走都绕不开这两条谷道，从谷道走，终点只能是卤城以北。所以，张郃建议司马懿"示出其后"，抄卤城蜀军后路，只能是在魏军抵达卤城以北后，才有实现的可能。

司马懿苦于粮草供应，只能从上邽出发，去卤城寻找诸葛亮，而汉军正在围困祁山。但诸葛亮在卤城"围点打援"的战术，司马懿肯定一眼就能看出来，所以他在抵达卤城以北后，第一时间做的是"登山掘营，不肯战"，进行休整，等待后续部队抵达，企图找机会反客为主，反攻诸葛亮。

司马懿早就看出诸葛亮企图"围点打援"，来到卤城后，就闭门自守，不出战。司马懿不主动进攻，对诸葛亮来说，意味着围点打援的战术可能面临失败。他毕竟也不是神仙，吃不准魏军到底有多少粮草。

于是诸葛亮做了一个极为大胆而又极度冒险的举动，他撤去围困祁山的汉军，收缩兵力，北撤卤城，南北立营固守。为保证水源，汉军在西汉水"断水为重围"，作为水源。祁山在卤城西南，就在汉军祁山粮道的北面不远，诸葛亮这一撤，被围困的祁山魏军就获得了解放，司马懿派出的援兵与贾嗣、魏平在祁山会师。

魏军重新获得祁山的主导权后，诸葛亮就从"围点打援"，陷入到被四面合围的境地，不仅祁山旁的漕运粮道拱手相让给魏军，还陷入魏军的南北包夹之中，只有水源还能保证。

解围后的贾嗣、魏平两人，开始在祁山不断叫嚣要跟汉军决战，但司马懿不肯战，这两人就公然嘲讽司马懿"畏蜀如虎，奈天下笑何"！司马懿"追至祁山"，诸葛亮"屯卤城，据南北二山，断水为重围"。除了水源，汉军连祁山粮道也被魏军切断。现在卤城的汉军陷入魏军的南北包夹，粮道又被断，只能依靠上邽抢收的粮食来维持。

不单是祁山的贾嗣、魏平多次求战，就连司马懿本部的魏军将领也都看出来，诸葛亮已经被包围，于是"诸将咸请战"。为何魏营诸将如此亢奋，纷纷请战，而主帅司马懿却偏偏不想打？因为此时的局势，表面上看来对魏军实在太有利了。

司马懿面对这种有利情况，恐怕是没底了，他实在很难想象诸葛亮为了能跟自己交战，主动陷入包围。魏营诸将越是亢奋请战，司马懿就越是谨慎冷静，毕竟诸葛亮这种布阵，实在过于反常。

魏军众将起初听说诸葛亮来割麦的反应是"诸将皆惧"。现在见诸葛亮被围住，纷纷请战。从害怕到不怕，还敢主动请战。可他们也不想想，诸葛亮怎么会轻易被围呢？可这些人不过脑子，司马懿却不能不多想，他是主帅。

司马懿也很谨慎，不过他思来想去，也实在想不出诸葛亮还能有何后手。

汉军除了水源，已经陷入重围，孤军深入，又被包围，时间越久，对被围的汉军越不利，在这么多的有利条件下，军中众将又接连请战，个别不地道的还嘲笑他害怕蜀军如同害怕老虎，各种冷嘲热讽的舆论压力加上魏军的军粮也要见底了，司马懿还是未能抵制胜利的诱惑，决定出战。

诸葛亮被包围又被断粮，战局对魏军有利，司马懿决定对汉军发动钳形攻势，在南北两个方向同时发起进攻。他亲自率军进攻诸葛亮的北营，让张郃"示出其后"，进攻王平固守的南营。张郃，你不是一直嚷嚷着要包抄蜀兵后路吗？好，这次你去打王平吧，别再说我不给你机会。司马懿对诸葛亮发动了南北夹击的钳形攻势。

诸葛亮千方百计露出一切破绽，来引魏军出战的目的终于达到了。但司马懿从北而来，张郃等人从南而来，这犹如一把铁钳的两个钳头，开合自如，相得益彰。

诸葛亮以王平固守南营，抵御张郃，而集中魏延、高详、吴班三支精兵向北迎击司马懿军主力，先把魏军的铁钳掰下半边去，再回师向南，合力对付张郃、贾嗣、魏平。

建兴九年（231）五月，双方在卤城北，发生了一场会战，魏延、高详、吴班以正兵，大破司马懿，斩甲首三千级，缴获玄铠五千领、角弩三千一百张，而南路的张郃打不下王平的南营，及时退走。

司马懿从北而来，张郃从南而来，对蜀军实施钳形攻势。诸葛亮先以王平拖住张郃，再以主力魏延等人击破司马懿。南线张郃这一退，只能让贾嗣、魏平继续退守祁山堡，而北线的司马懿遭到重创后，只能率领张郃等人从卤城拔营，往北沿木门道，退回上邽。夺回主动权的诸葛亮又往南顺势重新围困祁山，并向北进逼，整个卤城之战就此结束。

在历史上，会战中往往采用钳形攻势的进攻方是主角，并成为最后的胜利者，而在卤城会战，胜利者却是被包围夹击的诸葛亮一方。

诸葛亮在卤城之战取得胜利，重新围困祁山堡，并迫使司马懿撤回上邽，夺回了主动权。

诸葛亮在卤城会战中，以劣势兵力大破司马懿，粉碎了司马懿、张郃两位名将发动钳形攻势，进行南北夹击的企图。孙子曰："昔之善战者，先为不可胜，以待敌之可胜。"善于用兵的人，要先创造不被敌人战胜的条件，然后再等待寻求战胜敌人的时机。

但诸葛亮却反其道而行之，为了"围点打援"，不惜露出一切破绽，来创造让敌人"先为可胜"的条件，以诱使魏军出战。

于是诸葛亮如教科书般演示了，如何让谨慎小心的司马懿相信他已经胜券在握从而放心大胆地出来决战，然后在野战中大败敌军的整个过程。

诸葛亮从开始试图"围城打援"，然后故意陷入包围，最后以正兵击破敌方南北夹击的钳形攻势，这一连串的战术运用令人叹为观止，即使在世界军事史上，也是罕见的，这充分展现了诸葛亮震古烁今、史诗般的用兵技巧，完全属于战争的艺术。

诸葛亮为诱敌出战，故意露出破绽，主动陷于重围，终于成功引出魏军，达成与敌野战的目的。此战足以说明丞相军事指挥的卓越，他不仅善治军，领兵打仗也极优秀。运用这种孤军深入主动求围的战术，统帅的临战指挥能力必须很强，不强，不敢如此布阵，险中求胜靠的完全是实力，部队心理素质必须很硬，否则，很容易军心不稳，导致崩溃。

诸葛亮统领下的汉军是中国古代野战步兵的巅峰。卤城野战便是明证。

诸葛亮以数万步兵深入敌境，进退自如，从始至终占据主动。

司马懿兵力占优，还有兵种优势，魏国骑兵是野战主力，对步兵有传统优势，与吴国步兵对阵向来都是碾压对方，但遇上汉军步兵，马上被打到怀疑人生。

纵观司马懿的军事生涯，这是一个主攻的人，此前上庸奔袭孟达，后来千里征伐辽东，都是主动进攻，属于进攻型选手，但遇上诸葛亮就变成防守型选手，平时根本不敢出来，必须诸葛亮引诱，露出破绽，还要军中众将请战才肯出战，诸葛亮有多强，如此可见。

有对比才有真相。

司马懿此前去荆州完虐"江东鼠辈"的时候可是很威风的，只有见到诸葛亮才登山掘营死活不肯战。五月的卤城之战，诸葛亮击破司马懿和张郃的南北钳形攻势，魏军被迫沿木门道撤退，返回上邽。

而诸葛亮重新围困祁山，局面持续到六月，不过正值夏秋之际，大雨笼罩着祁山道，汉军后勤运输遇上困难。

此时汉军先前割取的上邽之粮几乎耗尽，于是诸葛亮决定接受李严的建议撤兵，从卤城撤军退往西南的祁山。诸葛亮拔营后，卤城东北的上邽魏军，才知道汉军撤退。这时魏军高级将领就是否追击诸葛亮产生争议。

都督司马懿命令张郃追击，张郃认为"归军勿追"，不要追，但司马懿坚持让张郃追。张郃不得已，只能走木门道追击汉军。

可上有政策，下有对策，张郃也不是傻子。从上邽出发，走木门道到卤城，只有一百多里。既然张郃要追击，那魏军的追击速度肯定要快于汉军的撤退速度，不然，就不要追了。孙子曰："卷甲而趋，日夜不处，倍道兼行，百里而争利，则擒三将军，劲者先，疲者后，其法十一而至；五十里而争利，则蹶上将军，其法半至；三十里而争利，则三分之二至。"

从上邽到卤城，正常行军一日三十里，三四天就能走到，轻骑兵甚至一天就能赶到。但张郃从六月开始追击，一直追到七月初，仅仅追到木门谷，一个月，张郃追出不到百里。

木门道狭窄，张郃如果抓紧时间，两三天快速通过木门道，诸葛亮不仅没有时间反应，也很难在大路上伏击张郃。此时诸葛亮早已从卤城撤退到祁山。汉军斥候要侦查魏军的追击行踪，报告诸葛亮。等诸葛亮再派兵到木门谷进行伏击，至少需要好几天。而张郃的慢动作追击，给了诸葛亮充分的时间，进行情报收集，再进行伏击布置。伏击地点木门道非常狭窄，不过数十米宽，所以他派的伏兵不会很多。

七月初，汉军在木门道成功伏击张郃。汉军在高处乱箭齐发，箭矢射中张郃膝盖，伤重死去。由于张郃只追出百余里，司马懿很快就知道了他的死讯。司马懿应该会再派出追兵，当魏军追到卤城时，汉军早已退走。

诸葛亮率汉军主力日行三十里，只需两天，就能踏上祁山栈道，估计这时张郃还没追到木门道。

虽然追不上汉军，但这不影响司马懿在报捷文书里，写出"俘斩万计"的"战果"："臣司马懿有本起奏：太和五年（231），蜀贼诸葛亮率二十万之众犯我陇右，臣身为雍凉都督，率众抵御。六月，臣等追击千里，至七月，俘斩万计，此诚数年未有之武功也！车骑将军张郃不幸殁亡。臣诚惶诚恐，蘸蜀贼之血，叩上。"

如果吹牛也上税的话，那司马懿一定是纳税大户。

诸葛亮要是真有二十万大军，以他的军事才能，陇右一战可定。那司马懿就不会有一点机会，卤城之战已经很能说明两人在能力上的差距，司马懿不是丞相的对手。

六、饮恨渭水秋风五丈原

丞相的前四次北伐，第一次是功败垂成，马谡失街亭固然是主因，但其实归根到底还是兵力过少。因为如果兵力足够多，丞相便能在短期内拿下陇右。而赵云兵败也是因为兵少。第二次与第三次北伐是一个整体，前者声东后者击西，牵制魏军，夺取武都、阴平的目的全部达到，怎么看也不能算失败，可以视为一次成功的北伐。丞相的第四次北伐之所以退兵是因为司马懿坚守不战与补给线过长，后勤供应不上。

丞相是特别善于总结的，他充分吸取了前四次的经验教训，为积蓄足够的力量，他准备了整整三年，整军经武，积谷屯粮。

魏国是一个大国，北伐注定是长期的、艰苦的，想通过一两场战役打垮曹魏是不现实的，北伐将是长期的战争。诸葛亮在经过四次北伐后，对此已经有充分的认识。

经过建兴九年（231）的交战，诸葛亮已经摸清了司马懿的底牌。司马懿虽然主场作战，兵力占优，还有蜀汉不具备的骑兵优势，但他野战完全不是诸葛亮的对手，卤城之战的大败就是最好的证明。

司马懿其实也知道这一点，所以他从不主动求战，诸葛亮为诱敌出战，主动陷入包围，司马懿架不住众将的怂恿跟挖苦，加上他的一点点侥幸心理，认为形势这么好，怎么看也不至于打败吧。然而，事实却是，卤城野战是他带兵以来打得最惨的一仗。

经此一役，司马懿知道，想要在野战中战胜诸葛亮基本是不可能的。但他自认为找到了对付诸葛亮的办法。那就是坚守不战，等到诸葛亮的补给线支撑不下去，自然会退走。

诸葛亮第四次北伐也的确是因粮草转运艰难，不得不退兵。

他在筹备三年后即将发起第五次北伐。而出于对司马懿的了解，诸葛亮知道这位老对手大概率会故技重施，堵在汉军的进兵路上，然后深沟高垒坚守不出，等诸葛亮粮尽退兵。上次已经被证明是有效的方法，司马懿不可能只用一次。但诸葛亮筹划三年也是有备而来。他已经想好了对付司马懿固守不出的计策，至于是何计策，很快就会说到。

为缩短战时运输线，诸葛亮于建兴十一年（233）在汉中斜谷口修筑大批仓库，将蜀中和军屯生产的粮食源源不断运到这里储存，方便转运。

经过三年的紧张筹备，建兴十二年（234）二月，诸葛亮再次出兵，这是他第五次北伐，也是最后一次。这次北伐，汉军的总兵力近十万，已是蜀汉所能动员的兵力极限，也是历次北伐以来，兵力最多的一次。

诸葛亮这次志在必得，三年准备、十万大军，他的决心再明确不过，那就是与魏军决一死战。这次，诸葛亮没有选择以往常走的西进陇右路线，而是走褒斜道出斜谷向东直接进入关中。他之所以选择这条路，就是要同魏军主力在关中决战，毕其功于一役。

诸葛亮兵进关中，直插魏国腹地，进逼长安，就是要迫使司马懿决战！

诸葛亮进入关中平原后屯兵于五丈原。渭水将战场分为渭北和渭南。武功水从斜谷流出注入渭水，又将渭南分为东西两岸。

司马懿先立营于渭水和武功水交汇的渭水南岸，而诸葛亮屯兵五丈原，随后对司马懿发起一系列主动进攻，双方争夺的重点是渭水和武功水的控制权。

诸葛亮还在渭水南缘的兰坑时，魏军将领就纷纷表示要屯兵"渭北"，而司马懿知道人口田地多在南岸，守在北岸当然更安全，但那等于将渭南拱手让给诸葛亮。他虽然内心深处也对诸葛亮畏惧有加，但也不得不冒险，率军渡过渭水，在渭水南岸"背水为垒"。

司马懿放话说，诸葛亮要是有胆略，应该出武功依山而东。诸葛亮要是屯兵五丈原，那就安全了，而他就是屯兵在五丈原。可是，武功在五丈原东面数十公里外的渭水北岸，距长安约四百里。

诸葛亮屯兵五丈原，渭水东面就是武功水。他向东进军至武功，则必须东渡武功水，但司马懿主场作战，早已抢先屯兵在渭水和武功水交汇处的渭水南岸，不仅堵住诸葛亮北渡渭水的路线，还堵住他东渡武功水的路线。

由于诸葛亮本身是客场作战，只能屯兵五丈原。

诸葛亮数万大军，不可能绕过或撇开司马懿大军，渡渭水或武功水，进至武功。他要考虑的是如何渡过渭水和武功水，而魏军的目的就是阻止诸葛亮渡河。

司马懿在渭水和武功水交汇处的渭水南岸背水为垒，想阻止汉军北渡渭水，但他真的挡不住。诸葛亮派兵渡过渭水，双方随即在渭水北岸的北原开展争夺，北原不是焦点，汉军能强渡渭水上岸进攻北原才是关键，说明此时汉军已经能有效控制渭水。而诸葛亮接着又开始争夺对武功水的控制权。诸葛亮四月屯兵五丈原，正好是夏季的涨水期。他派孟琰占据武功水东岸，司马懿派兵进攻孟琰营地，诸葛亮做竹桥，越水以弓弩击退魏军，司马懿被迫退走。

武功水之战规模不大但很重要。从诸葛亮在武功水东岸设营、造桥成功，以及他后来能够数次挑战司马懿，证明诸葛亮大军已经成功把战线推进到武功水东岸，并站稳脚跟，与司马懿对峙并挑战，而司马懿只会死守不敢出战。

诸葛亮通过一系列战斗，将司马懿在渭水南岸的营地，打得岌岌可危。而司马懿只能把对武功水的控制权拱手让给诸葛亮。郭淮在渭水北岸的北原，只能被动抵抗。北原并非必取之地，夺取北原的价值在于切断陇道。

长久以来，诸葛亮北伐的首要目标就是夺取陇右。夺取陇右的一个前提就是断陇，即切断陇道，在进攻陇右的同时阻止关中魏军对陇右的增援。这个战术目的，一直未能达成。但这是以前出兵陇右时的目标，现在进兵关中，陇右并未派兵，封堵陇道的意义不大。

诸葛亮此次北伐的首要目标不是长安而是司马懿跟他统领的魏军主力。他在渭水、武功水一带，以弱击强，主动对司马懿发动系列攻势。而司马懿只能以极端被动的方式，比如沿渭水修筑堑垒来消极防御，阻止诸葛亮渡渭。司马懿要是真想阻止诸葛亮东进，直接在武功水东岸筑垒，堵住去武功之路就可以了，可他并没有那么做。

司马懿开始就是在武功水以西的渭南背水为垒，只是被诸葛亮打得岌岌可危，才不得不听从郭淮建议，在北原建营，于仓促间设立第二道防线。郭淮在北原修的"堑垒"，不是营垒而是沿渭水北岸构筑的沿河防御工事，目的是防止诸葛亮渡过渭水。但不论是郭淮还是司马懿都挡不住他。

诸葛亮在渭水和武功水两边，同时占据上风。他强渡渭水成功，并占据武功水东岸，控制渭水和武功水，之后，司马懿就开始了消极避战。既然打不过，那就躲起来不打了。诸葛亮数次派人挑战，但司马懿打定主意，闭门不出。

司马懿占据兵种优势，魏国有数量庞大的骑兵部队。还占据兵力优势，魏国的总兵力四十万，是蜀汉的四倍。在渭水前线的兵力，相比汉军，只多不少。司马懿还占据补给优势，魏军处于内线作战，相比跋山涉水远道而来的汉军，补给便利。

占据三大优势的司马懿却依然被诸葛亮打得连营门都不敢出。两人之水平，高下立见。

司马懿避战其实也不是他一个人的意思，而是魏国的国家战略。魏主曹叡明确下诏让司马懿坚壁拒守以挫其锋，蜀军粮尽必走。魏军避战诸葛亮，是开始就制定好的策略。司马懿起初还是想打的，但在渭水、武功水接连败北，让他彻底抛弃幻想，改为闭门坚守。

据说，诸葛亮为激司马懿出战，还特意给他送去女装，以示羞辱。司马懿收到包裹，果然怒了，然后上表给曹叡要求出战，曹叡担心司马懿真的出去打仗，特意派辛毗到军前阻止。

这个材料从头到尾都不靠谱。丞相谨慎持重，不会干这种事情。这一看便知是小说家言，市井把戏，不是真的。司马懿是魏国重臣，鹰视狼顾的他城府极深，怎么会被这种小把戏轻易激怒。诸葛亮也不会用送女装去激司马懿。

诸葛亮与司马懿虽是对手，但两人都是有层次的人，大军统帅。

只有混迹于市井的人才会想出这么低级的招数。因为过于低级，三国将帅都不会用这么俗气的激将法。

司马懿确实给曹叡上表千里请战，但那是做给军中将士看的，毕竟，被人家堵着打，还不敢出头拼命，有点丢人。这种场面上的事情必须做，从曹叡到司马懿都在演戏。司马懿本就不想打，曹叡也不让他打。但诸葛亮多次挑战，他对上对下都要有个交代，这才演出千里请战的把戏。

对此，诸葛亮看得很清楚。姜维听说辛毗来到军前，对诸葛亮说，辛毗来了，看来司马懿不会出战了。诸葛亮却说出了司马懿的心思。司马懿本就不想出战，他真想打，何必千里请战。司马懿决定还是用上次的经验，固守不出，专等诸葛亮粮尽退军。司马懿认为，面对自己的固守不出，诸葛亮只能退兵。但之前说过，诸葛亮这次也是有备而来。对司马懿的固守不出，诸葛亮早有对策，是时候行动了。

诸葛亮的对策是屯田。他在渭水南岸将部队分散开来与当地百姓杂居，进行屯田，以为长久之计。

你不是想拖延等我的粮食用尽吗？我就在当地屯田种粮，这下连运粮都省了。送女装才不是诸葛亮对司马懿的最大羞辱（况且也未送过），渭南屯田才是。

诸葛亮带领汉军在魏国的腹地关中大搞屯田，而魏军主帅司马懿连营门都不敢出，只能远远地看着汉军种田，这算不算羞辱？当然算，还是大辱。

司马懿自出世以来，唯一怕的人就是诸葛亮。如果双方长久相持下去，胜利的一定是诸葛亮。但战争的胜负有时并不是比拼双方的国力、统帅的能力，还有寿命。

渭南屯田，进行持久战是能打败魏国的，但屯田需要很长时间才会有成效。诸葛亮的身体却已经支撑不下去了。

诸葛亮自永安托孤以来便将整个国家的重担都挑在自己肩上，事必躬亲，常常终日劳碌，汗流浃背。北伐以来，他更是日夜筹谋，规划军计，呕心沥血，总之一句话，丞相太累了。但重任在肩，诸葛亮丝毫不敢懈怠，他的责任心又很重，交给别人他又不放心，只能亲力亲为，但长此以往，他的身体越来越不好。

两军对峙，诸葛亮派使者去魏营下战书。司马懿只字不提战事，却问起诸葛亮的日常起居。司马懿问使者："你们丞相近日身体可好？"使者说："丞相整日忙于军务，过于操劳，身体欠安。"司马懿又问："你们丞相最近饮食怎样，胃口好吗？"使者说："丞相事务繁忙，吃得越来越少，人也消瘦了许多。"司马懿听了，笑了一笑，没有说话。使者走后，他对身边的几个亲信说："诸葛食少事繁，命不久长了。"

与司马懿的轻松不同，诸葛亮的负担沉重，每每想到刘备的临终托孤，国家贫弱，而强敌在北，他便寝不安席夜不能寐。

北伐需要集全国之力，起倾国之兵，才能成功。这需要举国上下团结一心，三军将士沙场用命。在蜀汉，只有诸葛亮有这种能力，也只有他有这种威望。

中原久经战乱疮痍未复，国力尚未恢复。自己这边，精兵良将尚在，自己又正当年，此时北伐是最好的时机。如只守不战，只能坐而待亡，所以，尽管困难重重，诸葛亮仍冒危难以奉先帝之志倾力北伐。长期的过度操劳，诸葛亮身体已经严重透支，他病倒了。

建兴十二年（234）的夏天，诸葛亮是在焦虑中度过的，眼见病情日渐沉重，他不得不为身后事作安排，最重要的就是确定接班人。人选，诸葛亮心里早就有了，政治接班人是一直做他助手分管北伐军后勤的丞相府长史蒋琬，军事接班人则是姜维。这两个人后来都没有辜负他的期望，姜维甚至为此付出生命。

建兴十二年（234）八月，秋风萧瑟，在五丈原汉军大营，汉丞相武乡侯诸葛亮带着壮志未酬的遗憾离开了人世，病逝于北伐前线，终年五十四岁。

出师未捷身先死，长使英雄泪满襟！诸葛亮去世后，姜维、杨仪等人整理行装，准备率军撤回汉中。当地百姓因为跟汉军住得很近，汉军屯田，很多部队是跟百姓住在一块儿的，所以比司马懿知道消息还早，纷纷跑到司马懿那里去报信。司马懿刚听到消息还有些不信，怕又是诸葛亮的诡计，按兵不动。过了不久，他派出的斥候回报，确定了诸葛亮的死讯，并说蜀军大营已是空营，蜀军早已撤走，不知去向。司马懿长出一口气，这才下令整队追击。

司马懿带兵一路紧追，终于追上汉军。诸葛亮生前料到，司马懿得知自己的死讯，一定会派兵来追。姜维等人按他之前的吩咐，全军依次撤退，井然有序，丝毫不乱，直到大队撤走，魏军依然没有察觉。司马懿果然追来，姜维依计而行，反旗鸣鼓，做出出击的姿态，司马懿见汉军有备，以为又中了诸葛亮的诱敌之计，狼狈退走，策马狂奔二十里才稳住阵脚，等他弄清虚实，汉军早已走远。当地百姓顺口编起民谣："死诸葛走生仲达。"连当地百姓都编民谣戏弄司马懿，可见二人之高下，自有公论。司马懿远不是诸葛亮的对手。这在当时已是世人所共识。

诸葛亮乃天下奇才！此人不亡，终其志意，连年运思，刻日兴谋，则凉、雍不解甲，中国不释鞍，胜负之势，亦已决矣。

如果丞相得以延寿数年，渭南屯田收到成效，丞相克复中原，兴复汉室，指日可待，那么整个中国的历史都会因此而改写。

惜哉！惜哉！

诸葛亮出征之前在给后主刘禅的奏疏中写道："臣家在成都有桑树八百棵、田地十五顷，足够子孙衣食。臣在军中的日常用度都靠国家供给。臣死之日，家无余财外无余帛以负陛下。"

待诸葛亮去世，果如其言，身为一国丞相却从不以权谋私，不置私产，以至于堂堂丞相留给子孙的只有几顷薄田。诸葛亮的清正廉洁、一身正气，足以垂范后世，为万世楷模。

从古至今赞颂诸葛亮的诗词可谓汗牛充栋，但我觉得定军山——诸葛亮埋骨处的武侯祠，那里的一副对联最能高度概括诸葛亮这位千古名相的光辉一生：

义胆忠肝，六经以来二表；

托孤寄命，三代而后一人。

千载之下，唯此一人！

诸葛亮临终前遗命将自己葬于汉中定军山，不起坟陵，下葬时用生前所穿常服，不必制作寿衣耗费钱帛。他将自己的简朴保持到了生命的最后时刻。

诸葛亮之所以选择汉中的定军山作为自己的安葬地有他的深意。

汉中是益州门户，也是蜀汉的北大门，更是北伐基地。诸葛亮的北伐是以汉中为大本营，汉中得失关乎蜀汉存亡。

"生为兴刘尊汉室，死犹护蜀葬军山。"

鞠躬尽瘁，死而后已！

丞相死后也要守护汉中，守护他的大汉。

汉丞相诸葛亮，中国历史上最伟大的丞相！

附　录

诸葛亮年谱

光和四年（181），诸葛亮出生在徐州琅琊郡阳都县。

建安二年（197），诸葛亮在隆中隐居耕读。

建安十二年（207），诸葛亮出山辅佐刘备。

建安十三年（208），诸葛亮出使江东促成孙刘联盟。

建安十九年（214），诸葛亮进入成都，辅佐刘备治理蜀地。

章武元年（221），诸葛亮率群臣劝进，刘备称帝，册拜诸葛亮为丞相。

章武三年（223），刘备在永安托孤于诸葛亮。

建兴元年（223），后主刘禅封诸葛亮为武乡侯，开府治事，领益州牧。

建兴三年（225），诸葛亮率军南征平定南中。

建兴五年（227），诸葛亮上《出师表》，请求北伐中原。

建兴六年（228）春，诸葛亮第一次北伐，兵出祁山。马谡败于街亭，诸葛亮被迫撤军。

当年冬天，诸葛亮用声东击西之计，率军东出，假意围攻陈仓，而以大将陈式西进。

建兴七年（229），陈式攻取武都、阴平二郡。

建兴九年（231），诸葛亮再出祁山，于木门道射杀魏国大将张郃，不久，粮尽退兵。

建兴十二年（234），诸葛亮率军出斜谷大举伐魏，与司马懿对垒于渭水南岸。八月，诸葛亮病逝于五丈原北伐前线，享年五十四岁。

后 记

诸葛亮是历史名人。关于他的传记尤其多，想要写好、写出新意更不容易。

人们似乎很熟悉诸葛亮，然而，民众对他的认知大多源于演义小说。

对诸葛亮，大多数中国人既熟悉又陌生。

人们熟悉的是演义小说里的诸葛亮而不是历史上真实的诸葛亮。

对历史的认知需要时间也需要过程，传记就是拉近现实与历史的纽带。

历史传记即是要还原真实的历史。

诸葛亮的人生传奇是从三顾茅庐开始，而他真正得行其志是在永安托孤之后。北伐中原更是诸葛亮此生浓墨重彩的篇章，也展现了最真实的他。

因此本书的重点是从三顾茅庐写起，用大量篇幅介绍诸葛亮的北伐战争，努力为读者还原一个接近历史的诸葛亮。

因时间仓促，水平有限，书中难免有疏漏之处，还请各位读者朋友指正。